365
속담
으로
놀자

토박이말 · 마주이야기로 여는 한국어 수업
365 속담으로 놀자

초판 2쇄 2013년 2월 25일 ● 지은이 염시열 한경순 ● 펴낸이 김기창 ● 펴낸곳 도서출판 나비꿈
● 디자인 정신영 최은경 ● 주소 서울 종로구 명륜동 2가 93번지 두리빌딩 206호 ● 전화 02 741 7719 ● 팩스 0303 0300 7719 ● 홈페이지 www.lihiphi.com ● 전자우편 lihiphi@lihiphi.com
● 출판등록 제300-2008-40호

ISBN 978-89-963937-1-9

* 값은 뒤표지에 있습니다.

초·중등 학생이 알아야 할 100가지 속담
토박이말·마주이야기로 여는 한국어 수업

365 속담 으로 놀자

지 은 이 염시열
마주이야기 한경순

나비다오

삶품말(속담)은 왜 배우지?

　얘들아, '삶품말'은 '삶을 품은 말'이란 뜻을 지녔어. 토박이말로 '속담'을 갈음하는 말이란다.
　이 글에서 삶품말과 같은 겹씨 토박이말을 왜 먼저 썼는지 말해줄까? 첫째로 생각씨의 뜻을 뚜렷하게 하는 믿나라말(모국어)의 성금(효과) 때문이야. 그래야 낱말이 만들어지는 뭉침과 쪼개짐을 익히는 새뜻속(창의성)이 생기거든. 둘째로 배움 가운데 오가는 말의 뜻을 뚜렷하게 알고 써야 하잖아. 말이 쉽고 미뻐야 새뜻한 생각힘(사고력)이 길러져. 배움 갈말(학습 용어)의 뜻을 뚜렷하게 알아야 새뜻한 배움을 짜고 이루어낼 수 있는 거지. 너희들도 알거야. 알고 배우면 배우는 일이 쉽고 즐거워지는 것을. 또 배움 이야기를 쓸 수 있는 새샘뜻 낱말밭을 가지게 돼. 셋째로 새샘뜻(창의) 낱말밭으로 배움 이야기를 쓸 때 비로소 얘깃거리가 많이 생기고 본데 있는 배움 이야기꽃이 핀단다. 이런 이야기를 들어주고 알아주면 따뜻한 마주이야기꽃도 피게 되지.
　오늘날 혁신학교의 새샘뜻 갈배움(수업)을 바루는 걸맞은 미립(방안)이라 할 수 있어.
　여기서 삶품말은 겨레의 자취를 따라 그 때의 이적일(현실)을 견주어 때곳품(시공간)에 알맞게 드러난 말이라고 할 수 있어. 삶품말의 벗바리(배경)는 겨레의 이야기와 슬기를 가축(갈무리)하고 있지. 또 자취를 가축한 삶품말은 일이 벌어질 때 눈앞에 선하게 떠오르는 판그림을 선물해. 움직꼴과 그림꼴을 두루 갖춘 삶품말은 일판(활동장소) 뜻을 따라 메기고 받는 생각과 말을 퍼뜩 떠오르게 하고 말이야. 또 월(문장)의 아시(처음) 뜻과 내봄 뜻이 달라. 마주이야기가 입에서 터져 나오는 이적 말이라면 삶품말은 말의 때곳품 자취를 따라 생겨난 견주며 빗대는 말이야. 마주이야기는 이적 말을 들어주고 알아주면 속이 풀어지는 슬기가 있거든. 삶품말은 이적일을 빗대어 속뜻을 일깨우는 슬기가 들어 있지.

    이러한 슬기를 배우고 익히는 데는 풀이말의 그림꼴과 움직꼴이 그려내는 판그림의 쓸모에 있어. 판그림의 움직꼴과 그림꼴은 풀이말에 이끌리는 생각씨로 드러나지. 풀이말이 드러내는 판그림은 우리겨레의 새뜻한 빛깔과 모습과 자취가 있어. 이는 수꿈 꾸는(상상하는) 배울 거리가 되는 거야.

    수꿈 꾸는 삶품말을 배우는 차례물은 갈책(워크북) 만들기가 으뜸이야. 갈책의 바탕글은 삶품말이고 삶품말에 대한 말 걸기 맘대글판(낙서장) 솟을 물음과 대꾸에는 풀이씨가 있지. 이 풀이씨를 씨낱말로 짧은 글을 짓는 월 쌓기를 할 수 있어. 그 밑감으로 어찌말, 어찌자리토, 어찌자리 도움토, 이음씨끝(연결 어미), 도움풀이씨, 겹움직씨, 풀이씨 으뜸꼴, 아홉 난 월 쌓기, 낱말밭, 판그림, 글그림판, 차례 그림, 우듬지싹, 십자말풀이, 알림본(광고), 편지들을 만날 수 있지. 또 한겨레 신문 최인호선생님의 말본글도 만날 수 있어.

    얘들아, 이러한 말본 배울 거리와 배움 미립(학습 방안)은 말이야. 너희들이 본데있는 사람(지식인)이 되도록 도와줄 거야. 또 이 책은 토박이말의 익살과 맘 주는 마주이야기로 도란도란 이야기꽃을 선물할 거라 믿어.

    우리 토박이말과 입말 마주이야기, 삶품말을 많이 많이 사랑해줘. 안녕.

2011해 한밝달 초하루 엿날 사미르강가에서
염시열 절

삶품말의 입맛을 북돋우는 마주이야기

어린이 여러분!
'토박이말로 여는 365 제철말로 놀자' 책에 이어 두 차례 째 만나게 되었네요. 무척 반가워요.

어느 날 '가는 날이 장날이다.'란 삶품말을 배우면서 아이들이 제게 물었어요.
"선생님, 장날이 뭐예요?"
"장날은 지금처럼 마트나 백화점이 없던 시대에 닷새 만에 한 찰씩 물건을 팔던 날을 말해. 그날은 온갖 데서 물건을 팔기 위해 장사꾼들이 모여들고 마을 사람들이 필요한 물건을 사기 위해 시장에 갔지. 지금처럼 아무데서나 필요한 물건을 살 수 있는 곳이 없었어. 닷새동안 기다렸다가 한 찰씩만 시장에 가서 물건을 사야 했어. 그날을 장날이라고 했지. 내가 살던 곳에서는 나흘과 아흐레 날에 늘 장날이 열렸어. 열나흘, 열아흐레, 스무나흘, 스무아흐레. 한 달에 여섯 번 시장에 가는 거지."
저는 그날 처음으로 어린이들이 '장날'이 뭔지 모른다는 것을 알았어요. 그러니 '가는 날이 장날이다'가 무슨 말인지 모르는 거죠. 그 말이 생긴 뜻을 알려주고 장에 간 부모님을 기다리는 이야기(먹을 것, 새 옷, 새 신발을 사오니까요.), 자장면 먹을 수 있는 날, 다른 마을 동무들(사람들)을 만나는 이야기를 들려주었어요. 생각지도 않은 일들이 일어난다는 것을요. 그제야 아이들은 고개를 끄덕였죠.

삶품말에는 우리보다 앞서 살았던 이들의 삶이 녹아져 있어요. 이적 말을 견주기도 하고 여러 가지 삶의 이야기가 가득 들어있지요.

어린이 여러분!

'365 속담으로 놀자' 책에게 마음을 열고 말을 걸어보세요. 그 순간 수많은 이야기들이 우루루루 쏟아져 나올 테니까요. 여러 아이들의 삶이 들어있는 마주이야기가 맛깔나게 삶품말의 입맛을 북돋우어 줄 거예요. 새샘픗(창의)이 퐁퐁퐁 솟아나게도 하고요. 삶품말의 재미를 마구마구 더해줄거예요.

여러분도 마주이야기를 해 보세요. 입말 마주이야기가 얼마나 사랑스러운지 알게 될테니까요.

마주이야기꾼 한경순

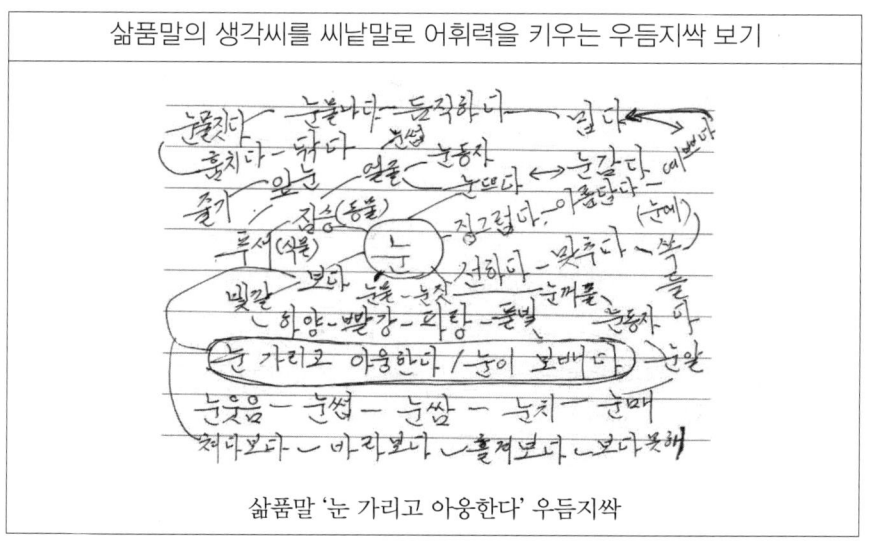

삶품말 '눈 가리고 아웅한다' 우듬지싹

차 례

삶품말(속담)은 왜 배우지? 4
삶품말의 입맛을 북돋우는 마주이야기 6

001 가는 날이 장날 11
002 가는 말에 채찍질 14
003 가는 말이 고와야 오는 말이 곱다 16
004 가물에 콩 나듯 한다 20
005 간에 기별도 안 간다 22
006 간에 붙었다 쓸개에 붙었다 한다 29
007 갓 쓰고 자전거 타는 격 31
008 강 건너 불구경하듯 한다 35
009 강물도 쓰면 준다 37
010 개도 닷새가 되면 주인을 안다 42
011 거미도 줄을 쳐야 벌레를 잡는다 44
012 걷기도 전에 뛰려고 한다 48
013 계란으로 바위치기 50
014 구슬이 서 말이라도 꿰어야 보배 54
015 굶어 보아야 세상을 안다 56
016 그물에 든 고기 60
017 기르던 개에게 다리가 물렸다 62
018 나무에 오르라 하고 흔드는 격 66
019 날면 기는 것이 능하지 못하다 68

020 남아 일언 중천금 72
021 남의 말 하기는 식은 죽 먹기 74
022 남의 밥에 든 콩이 굵어 보인다 77
023 남의 잔치에 감 놔라 배 놔라 한다 79
024 낮말은 새가 듣고 밤말은 쥐가 듣는다 83
025 내 배가 부르니 종의 배고픔을 모른다 85
026 내일은 해가 서쪽에서 뜨겠네 89
027 누울 자리 봐 가며 발 뻗어라 91
028 느린 소도 성낼 적이 있다 95
029 다 된 밥에 재 뿌리기 97
030 닭에게는 보석이 보리알만 못하다 101
031 닭 쫓던 개 지붕 쳐다보듯 한다 103
032 도둑놈 문 열어 준 셈 107
033 도둑에게 열쇠 주는 격 109
034 도둑을 맞으려면 개도 안 짖는다 113
035 도둑이 없으면 법도 쓸데없다 115
036 도둑이 제 발 저리다 119
037 돌다리도 두드려 보고 건너라 121
038 등잔 밑이 어둡다 126
039 떡 줄 사람은 생각도 않는데 김칫국부터 마신다 128
040 똥 묻은 개가 겨 묻은 개 나무란다 133

041 말로 온 동네를 다 겪는다 135
042 말 안 하면 귀신도 모른다 140
043 말이 고마우면 비지 사러 갔다 두부 사 온다 142
044 망건 쓰다 장 파한다 146
045 맞은 놈은 펴고 자고 때린 놈은 오그리고 잔다 148
046 가는 모기 보고 칼 뺀다 152
047 모난 돌이 정 맞는다 154
048 모르면 약 아는 게 병 159
049 목구멍이 포도청 161
050 물에 빠진 놈 건져 놓으니 보따리 내놓으라 한다 164
051 믿는 도끼에 발등 찍힌다 166
052 바늘 도둑이 소 도둑 된다 170
053 바다는 메워도 사람의 욕심은 못 채운다 173
054 발 없는 말이 천리 간다 179
055 배부른 흥정 181
056 사공이 많으면 배가 산으로 간다 186
057 사람 나고 돈 났지 돈 나고 사람 났나 188
058 새끼 많이 둔 소 길마 벗을 날 없다 193
059 새벽달 보자고 초저녁부터 기다린다 195
060 서당 개 삼 년이면 풍월을 읊는다 199
061 설마가 사람 잡는다 201

062 소도 언덕이 있어야 비빈다 206
063 소 잃고 외양간 고친다 208
064 손톱 밑에 가시 드는 줄은 알아도 염통 안이 곪는 것은 모른다 213
065 수염이 열 자라도 먹어야 양반 215
066 숭어가 뛰니까 망둥이도 뛴다 220
067 숯이 검정 나무란다 222
068 신선놀음에 도끼 자루 썩는 줄 모른다 226
069 쏟아 놓은 쌀은 주워 담을 수 있어도 쏟아 놓은 말은 주워 담을 수 없다 230
070 아는 길도 물어 가라 235
071 아흔아홉 가진 사람이 하나 가진 사람 보고 백 개 채워 달라 한다 237
072 앞에서 꼬리치는 개가 뒤에서 발꿈치 문다 241
073 얌전한 고양이가 부뚜막에 먼저 올라간다 243
074 양지가 음지 되고 음지가 양지 된다 247
075 열 번 찍어 안 넘어가는 나무 없다 249
076 오르지 못할 나무는 쳐다보지도 말아라 254
077 옷이 날개다 258
078 웃는 낯에 침 뱉으랴 262
079 원수는 외나무다리에서 만난다 264
080 자라 보고 놀란 가슴 솥뚜껑 보고 놀란다 268

081 저 먹자니 싫고 남 주자니 아깝다 272
082 제 눈에 안경이다 275
083 종로에서 뺨 맞고 한강에 가서 눈 흘긴다 277
084 죄지은 놈 옆에 있다가 벼락 맞는다 281
085 죽어 석 잔 술이 살아 한 잔 술만 못하다 284
086 쥐구멍에도 볕 들 날 있다 287
087 지렁이도 밟으면 꿈틀한다 289
088 집에서 새는 바가지 들에서도 샌다 293
089 참새가 방앗간을 그냥 지나랴 295
090 천 리 길도 첫 걸음으로 시작된다 298
091 콩 심은 데 콩 나고 팥 심은 데 팥 난다 300
092 티끌 모아 태산 304
093 팔은 안으로 굽는다 307
094 평양 감사도 저 싫으면 그만 311
095 하늘의 별 따기 314
096 하늘이 무너져도 솟아날 구멍이 있다 318
097 호랑이는 죽어서 가죽을 남기고 사람은 죽어서 이름을 남긴다 322
098 호랑이 없는 곳에서 여우가 왕 노릇 한다 326
099 효성이 지극하면 돌 위에 풀이 난다 328
100 흘러가는 물도 떠 주면 공이다 331

일러두기 333
낱말 풀이 341
낱말 불리기 팽이무늬 '우듬지싹' 본보기 179, 337

가는 날이 장날

어떤 일을 할 때 뜻하지 않은 일을 겪게 됨을
빗대서 이르는 말

속울물음

1. 장날이 뭐지?

2.

3.

4.

5.

✒️ 풀이씨를 씨낱말로 짧은 글을 짓는 월 쌓기를 해보자. 뭐가 나오나?

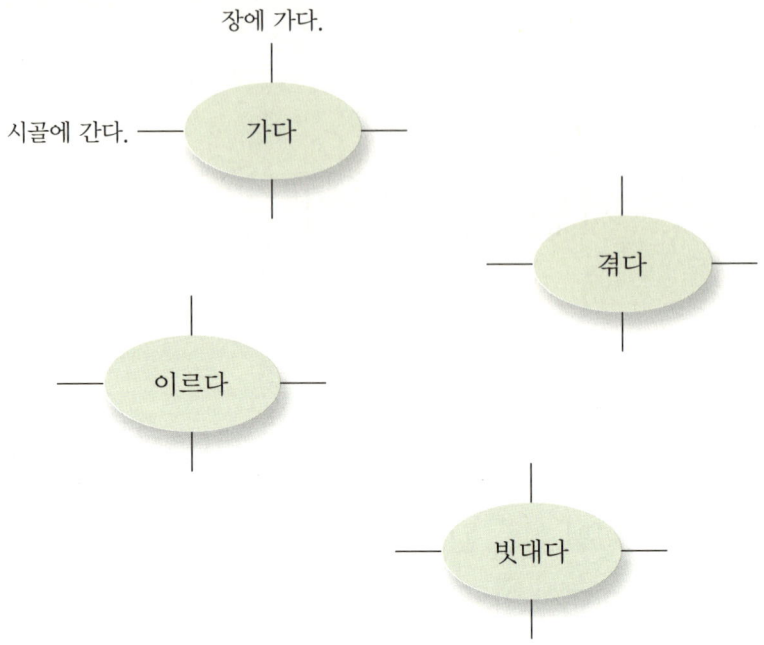

🌱 우듬지싹을 키우면 꼬리에 꼬리를 무는 생각씨 줄기말이 자라지.

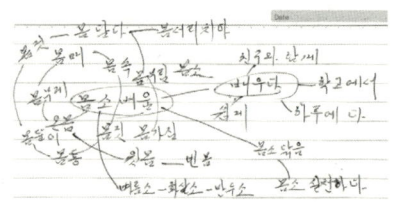

삶품말_01 마주이야기

생각지도 않은 일만 계속 있네

엄마   어서 와라 예린아. 엄마아빠가 오늘 예린이랑 식당가서 맛있는 거 먹으려고 기다리고 있었어.
예린   와! 신난다. 엄마엄마, 나 오늘 칭찬 받았다.
글쓰기부 선생님이 나보고 마주이야기 잘 쓴다고 했거든.
엄마   하하하. 그래? 와, 잘했다.
예린   흐흐흐. '가는 날이 장날'이라고 오늘 생각지도 않은 일만 계속 있네.
아빠   하하하. 그러네. 밥 먹으러 가자 예린아.
예린   네 아빠.

➡ 갈무리로 장날에 일어날 수 있는 일을 아홉 난 그림담(만화)으로 그려 보시오.

002

가는 말에 채찍질

 부지런하고 성실한 사람에게 더 잘하라는 뜻

속을물음

1. 채찍이 뭐지?

2.

3.

4.

5.

언니랑 하면 잘 될 거 같아

예원 지운 언니, 온고을 큰 이야기판에서 내 꿈 이야기 했잖아.
지운 응. 이야기하고 나니까 진짜 내 꿈이 더 좋아졌어.
예원 그래. 나도 그랬어. 나는 커서 패션디자이너가 될 거야.
지운 나도 꼭 승무원이 될 거야.
     언니랑 지난 방학 때 뉴질랜드 다녀왔잖아. 그 때 비행기안에서 승무원을 봤는데 멋있었어.
예원 언니, 나 온고을 큰 이야기판 때 이야기 잘했어?
지운 응. 나는?
예원 언니도 잘 한 거 같아. 그런데 우리 둘 다 목소리가 좀 작았던 거 아냐?
지운 왜?
예원 애들이 그러던데. 목소리가 좀 힘이 없어 보였대.
     언니, 다음해에도 우리 온고을 큰 이야기판에 둘이하는 마주이야기로 나가자.
지운 응 그래. 그러자. 그러면 우리 다음해에는 목소리에 힘을 주어 더 잘해보자.
예원 좋아. 나는 언니랑 하면 잘 될 거 같아.
지운 나도 그래.

003

가는 말이 고와야 오는 말이 곱다

 뜻풀이

자기가 먼저 남에게 잘 대해 주어야 남도 자기에게 잘 대해 준다는 뜻

속을물음

1. 밀이 뭐지?
2.
3.
4.
5.

✒️ 풀이씨를 씨낱말로 짧은 글을 짓는 월 쌓기를 해보자.

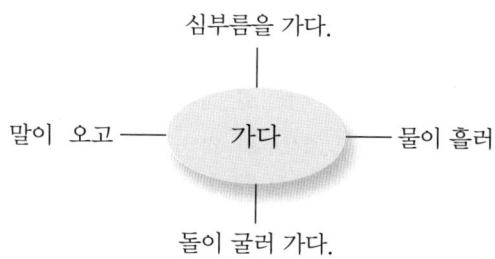

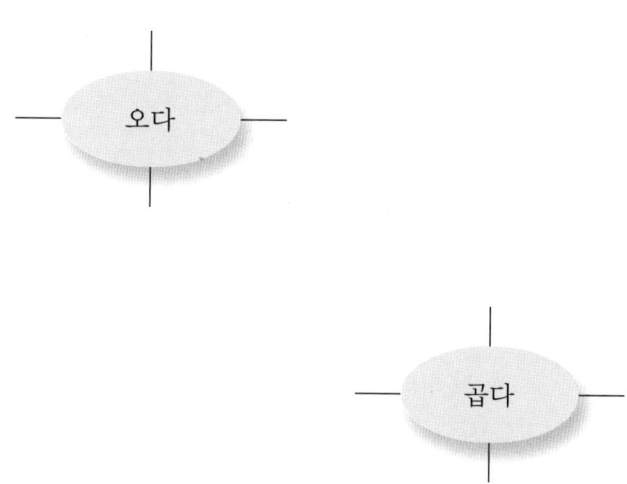

나와 무슨 상관이야

마주   야, 행복아, 너 왜 자꾸 수찬이를 놀리냐?
        수찬이가 손가락이 여섯 개인 게 뭐 수찬이 잘못이냐?
행복   그래도 웃기잖아. 손가락 여섯 개라. 벼엉신 아니야?
마주   야, 너 왜 그래? 수찬이 듣잖아.
행복   너 수찬이 사귀냐? 니가 상관할 일 아닌 거 같은데.
        니가 왠 상관이야? 아무래도 니가 수찬이와 사귀는 모양이지.
마주   흥! 그래. 사귄다. 네가 수찬이를 사귀든 말든 무슨 상관이야.
        남의 아픔을 건드리는 너보다 훨씬 좋아.
행복   그러면 그렇지. 얼레리 꼴레리 마주는 수찬이를 사귄대요.
마주   너 정말 못됐구나.
수찬   마주야. 괜찮아. 싸우지 마.
마주   어 수찬아……
수찬   응. 마주야. 행복이가 저래도 난 괜찮아.
행복   어……
마주   (행복이를 향해 눈을 흘긴다)
행복   미 미안해.

✒ '가는 말이 고와야 오는 말이 곱다.'라는 삶품말의 뜻을 드러내는 판그림(장면)을 차례 그림으로 그리시오.

✒ 차례 그림을 그렸으면 맘대글판(낙서장)을 만들어 보시오.

004

가물에 콩 나듯 한다

 뜻풀이

수가 너무 적다는 뜻

속을물음

1. 가물이 뭐지?
2.
3.
4.
5.

억울한 나

나는 정말 억울해.
동생이 잘못해도 나만 혼나.
엄마는 동생만 예뻐하는 것 같아.
동생이 밉고 샘나 죽겠어.
이럴 때는 동생이 없었으면 좋겠어.
하지만 내가 울면 동생이 재롱부려.
귀엽기도 하고 얄밉기도 해.
동생은 날마다 맘대로 하고
엄마는 동생만 예뻐하고
나는 가뭄에 콩 나듯이 어쩌다 한 번씩 칭찬받아.
나는 동생이 부러워. 부럽다고.

➤ '가물에 콩 나듯 한다.'라는 삶품말의 뜻을 드러내는 판그림을 차례 그림으로 그리시오.

간에 기별도 안 간다

먹은 것이 너무 적어 먹으나 마나 하다.

속을물음

1. 기별이 뭐지?

2.

3.

4.

5.

풀이씨를 씨낱말로 짧은 글을 짓는 월 쌓기를 해보자.

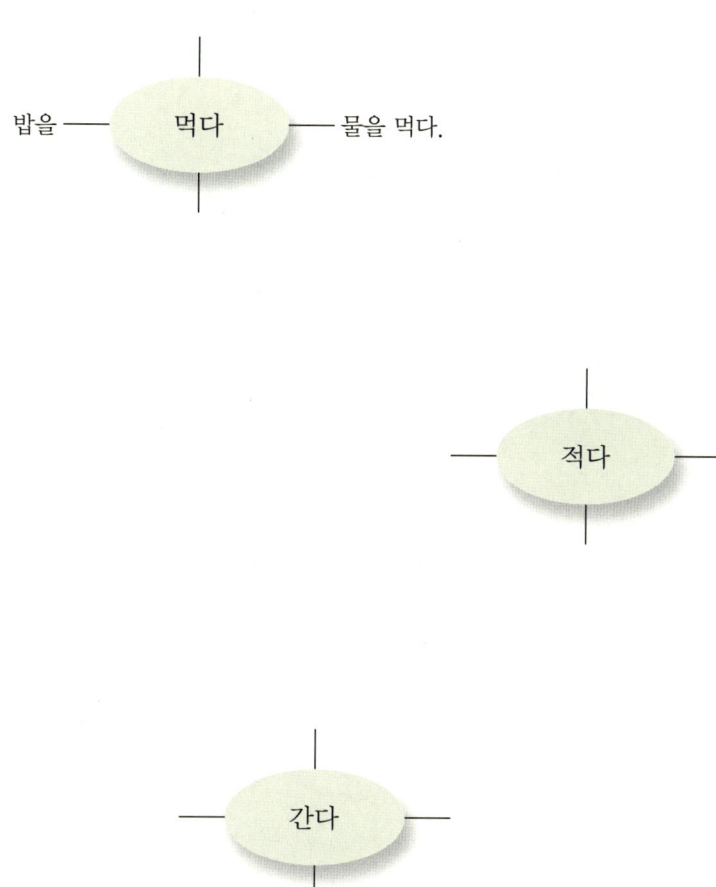

삶품말_05 마주이야기

다 내가 먹을래

마주 엄마, 이거 다 내가 먹을래.
엄마 너는 하나 먹었으니까 동생 좀 주지.
마주 싫어. 나 먹을래.
엄마 마주야, 하나 먹었으니까 동생 줘. 응?
마주 이 떡 내가 좋아하는 인절미란 말이야.
엄마 쯧쯧, 그렇게 먹고 싶으면 너 다 먹어.
    그래 민주는 뭘 사줄까?

🌱 우듬지싹을 키워보자. 뭐가 보이나?

기별

✒ 가온 자리에 마음에 와 닿는 알짬 글귀를 쓰고 그 둘레에 짧은 월을 짓는 풀이씨 일판 '아홉 난 월 쌓기'로 낱말밭을 만들어 봅시다. 난마다 짧은 월 가운데 하나를 골라 판그림을 그려 넣은 글그림판을 꾸며 봅시다.

'대문'은 우리 토박이말입니다.

(아래 말들은 원래 우리 토박이말이라서, 한자로 적으면 안 됩니다.)
가게, 가난, 개천, 고집, 곤두(박질), 글자, 금방, 기별, 남편, 답답하다, 당부, 당신, 대문, 대신, 동산, 동생, 마련, 말짱, 모습, 미안하다, 반지, 배포, 사공, 사돈, 생생하다, 서방, 선물, 선사, 성화, 시중, 시집, 야단법석, 영낙없다, 우선, 이력, 잠깐, 장단, 장승, 재미, 재주, 전갈, 조심, 주책, 차례, 창피, 튼실하다, 판, 패, 편, 흐지부지, 노발대발, 농, 변죽, 보배, 본, 부실하다, 불한당, 비위, 생판, 수건, 시방, 신세, 안주, 예사, 온돌방, 온전하다, 장농, 표, 화, 흠. …… 이밖에도 아주 많습니다.

이처럼 순 우리 토박이말들이 여러 국어사전에 한자말로 올라 있는 까닭은, (1) 조선총독부가 '조선어사전'이란 걸 만들면서 우리말 말살 정책의 하나로 우리말과 관련이 없는 헛것의 한자말을 많이 올렸고 (2) 한자숭배주의자들의 의도적인 한자 밑말 삼기 노력과 (3) 한자로만 적은 조선시대 책들에서 우리말을 어쩔 수 없이 한자로 음역해 표기할 수밖에 없었던 사정, 그 밖에 (4) 우리말에 우연히도 중국 한자말과 발음이 같고 뜻까지 비슷한 것들이 있어 그런 오해가 생겼습니다.

'모양'은 우리말

우리 국어사전의 올림말에 '모양'(貌樣·模樣)이라고 하여, 마치 우리말 '모양'이 한자말에서 온 것처럼 해놓았다. 그나마 '貌樣'은 헛것이다. 우리는 '模樣'과 달리 '모양'을 "①멋(모양 낸다) ②체면(모양이 말이 아니다) ③방식(그런 모양으로 하면 망한다) ④짐작(비가 올 모양이다) ⑤형편(이 모양이 됐다) ⑥꼴(거지 모양이다) ⑦처럼(솜모양 푹신하다)" 들과 같이 쓴다. '模樣'에는 그런 뜻들이 없다.

우리말 '모양'의 원말인 옛말이 / 모양: 〈월인석보〉〈악학궤범〉/ 모: 〈소학언해〉이다. 이 '모양·모'이 '모양'으로 변한 것이다.

(정재도/한말글연구회 회장)

✎ '간에 붙었다 쓸개에 붙었다 한다.'란 삶품말의 뜻이 담긴 일을 아홉 난 그림담(만화)으로 그려봅시다.

간에 붙었다 쓸개에 붙었다 한다

올곧음(지조) 없이 아무에게나 터수(형편)에 따라 알랑거린다는 뜻.

속을물음

1. 쓸개가 뭐지?
2.
3.
4.
5.

에이 못 참겠다

엄마 (전화로) 지원아, 오늘 네 생일이야.
지원 정말요? 저는 제 생일인줄 몰랐는데.
엄마 이따 저녁에 보자.
지원 (속으로) 음, 그러면 엄마가 선물을 사오시겠지?

(딩동 딩동)
지원 엄마! 제가 숙제도 다하고 청소도 다 해놨어요.
엄마 그래? 우리 딸이 착하기도 하지.
지원 '어, 빈손이잖아. 엄마 가방 속에 선물이 들어 있을 거야.'
엄마 지원아, 어서 와 저녁밥 먹자.
지원 '음, 아이 엄마는 왜 이렇게 선물을 안주시는 거지?'
　　 아, 알았어요.
엄마 우리 딸 생일이라서 미역국 끓였어.
　　 아침에 엄마가 바빠서 미역국도 못 끓여줬잖아.
지원 '엄마는 왜 이렇게 선물을 안 주시는 거야. 에이, 못 참겠다.'
　　 엄마, 나 미역국 먹기 싫어요. 내가 무슨 애기 난 사람이예요?
　　 나 선물 받고 싶어요. 선물 주세요.
엄마 지원이 너! 그래서 숙제랑 청소랑 해놓은 거구나?
지원 ……
엄마 내 그럴 줄 알았어. 너 이녀석! 선물 없어. 이 미역국이 선물이야.
지원 흑흑 엄마 미워. 괜히 청소했네.
아빠 짜잔! 우리 지원공주님 생일 선물이다.
지원 (눈물을 닦으며) 아빠!
엄마 쯧쯧쯧. 금새 얼굴이 바뀌는고만. 지원이 너 그러면 못 쓴다.
지원 죄송해요. 헤헤헤.

갓 쓰고 자전거 타는 격

 뜻풀이

터수(상황)에 전혀 어울리지 않거나 차림새가 다른 경우의 뜻.

숯을물음

1. 갓이 뭐지?

2.

3.

4.

5.

✎ 삶품말을 생각하며 그림에게 말을 걸어본다.

머리
- 리듬타며 운동, 정신건강 양호
- 근육 긴장 풀어 스트레스 해소
- 혈액 흐름 원활, 고혈압 예방

내부 장기
- 나쁜 콜레스테롤 줄여 동맥경화 예방
- 인슐린 호르몬 활동 왕성, 당뇨병 예방

가슴
- 폐활량 증가돼 폐기능 향상
- 혈액 속 산소량 많아져 각 기관 공급
- 심장 질환 위험 감소

무릎
- 관절에 부담없이 근력 강화
- 자전거가 충격 흡수
- 연골세포 자극 새 연골 형성

손, 등, 팔, 엉덩이, 다리, 어깨, 허리, 복부
- 체지방량 감소, 근육량 증가
- 칼로리 소모 증가, 비만 예방

* 그림(사물, 자연, 사람)을 보면서 그림에게 말을 걸어본다. 그림속의 그림에게 말을 걸기, 그림이 나에게 말을 건다면 무슨 말을 할까? 생각하면서 말을 걸어보는 것이다. 그림을 보고 '아하! 그림이 그렇다는 거지' 하고 생각하는 앞에는 '그림이 어떻다고?' 묻는 과정이 바로 그림에게 '말걸기'라고 할 수 있다.

✒ 가온 자리에 마음에 와 닿는 알짬 글귀를 쓰고 그 둘레에 짧은 월을 짓는 풀이씨 일판 '아홉 난 월 쌓기'로 낱말밭을 만들어 봅시다. 난마다 짧은 월 가운데 하나를 골라 판그림을 그려 넣은 글그림판을 꾸며 봅시다.

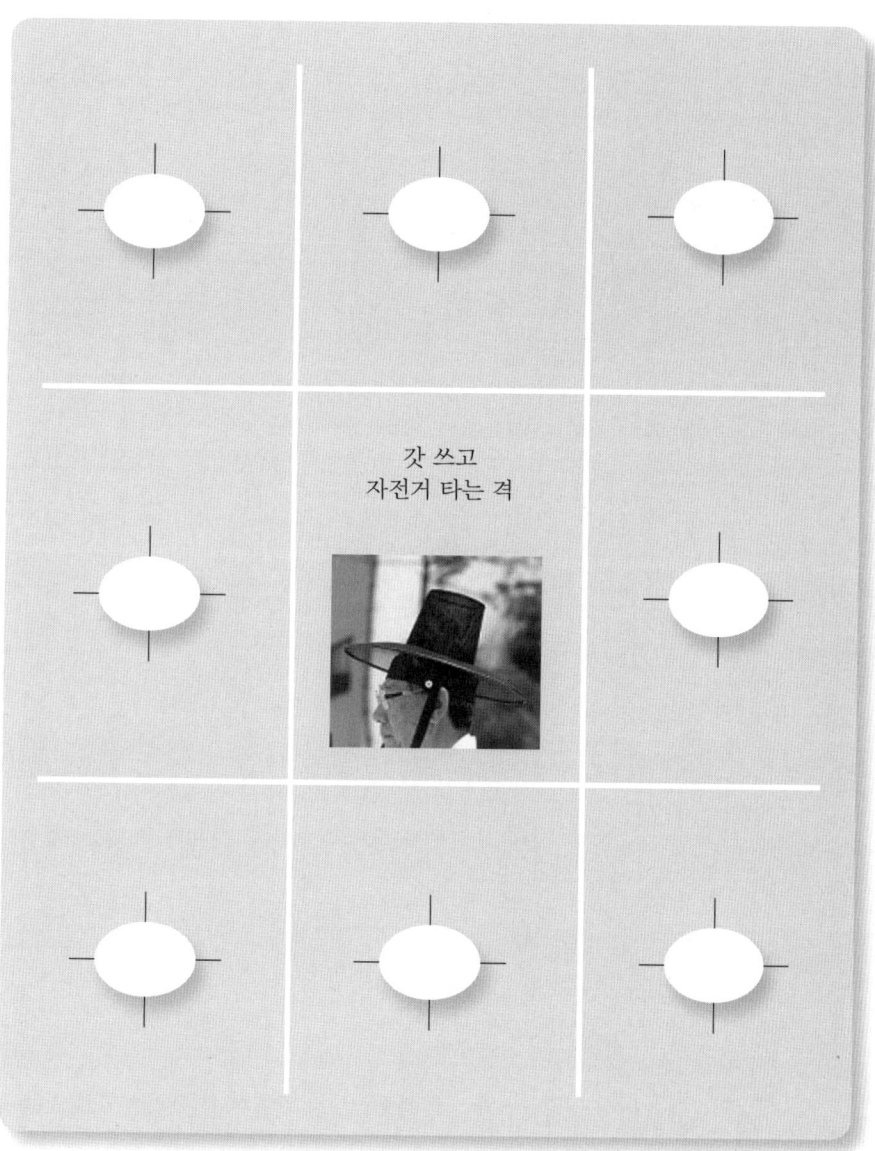

✑ 글그림판을 마련했으면 알림본을 만들어 보시오.

* 알림본에는 알짬 알림글귀와 으뜸 알림그림과 맘들임(설득) 풀이글이 있다.

강 건너 불구경하듯 한다

 남의 일인 듯 볼맘 없는 몸가짐과 맘가짐.

솟을물음

1. 쓸개가 뭐지?
2.
3.
4.
5.

너 그러면 못 써

준영   야, 용우야 조심해.
용우   (책상에 걸려 넘어진다.) 아얏! 엉엉엉.
준영   ……
우진   형, 많이 아프겠다.
준영   내가 조심하랬잖아.
용우   엉엉엉 엉엉.
우진   어, 무릎에서 피가 나네. 약 발라야겠네.
준영   내가 약 상자 가져올게.
철수   잘했다. 잘했어. 용우자식 까불 때 내 알아봤어.
        야, 준영아. 약 상자 냅두고 나랑 딱지치기나 하자.
우진, 준영   철수야, 그러면 안되지.
철수   뭐가 안돼? 용우자식 고소하고만.
용우   엉엉엉 앙앙앙. 으흐흑흑.
준영   야, 철수야. 너 그만해. 너 그러면 못 써.
철수   내가 뭘.
준영   네가 안 다쳤다고 그렇게 강 건너 불구경 하듯이 그러면 안되지.
        우진아, 여기 좀 잡아 줘. 용우 약 발라주자.
우진   응. 알았어. 준영아.
철수   …… 내가 너무 했나?(머리를 긁적 긁적)

강물도 쓰면 준다

 뜻풀이

아무리 많아도 쓰면 곧 줄어드니까
아껴 쓰라는 뜻.

속을물음

1. _____
2. _____
3. _____
4. _____
5. _____

✏️ 풀이씨를 씨낱말로 짧은 글을 짓는 월 쌓기를 해보자.

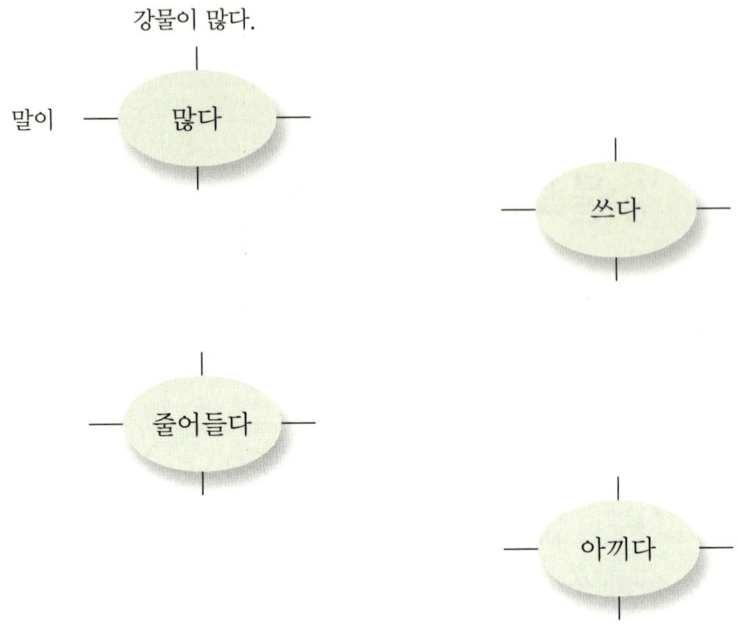

🌱 우듬지싹을 키우면 꼬리에 꼬리를 무는 생각씨 줄기말이 자라지.

물

➤ '강물도 쓰면 준다.'란 삶품말 뜻이 담긴 일을 아홉 난 그림담으로 그려 봅시다.

➤ 가온 자리에 마음에 와 닿는 알짬 글귀를 쓰고 그 둘레에 짧은 월을 짓는 풀이씨 일판 '아홉 난 월 쌓기'로 낱말밭을 만들어 봅시다. 난마다 짧은 월 가운데 하나를 골라 판그림을 그려 넣은 글그림판을 꾸며 봅시다.

강물도 쓰면 준다

✎ 글그림판을 마련했으면 삶품말을 넣은 글월(편지)을 써 보시오.

010

개도 닷새가 되면 주인을 안다

개도 저에게 은혜를 베풀어준 주인을 보면 바로 알아보는데 사람이 자기의 은인을 몰라봐서는 안된다는 뜻

솟을물음

1. 개가 왜 나오지?

2. '베풀다'는 일이 뭐지?

3.

4.

5.

달님이는 달라

엄마   수빈아, 컵스카우트 활동 잘 하고 왔어?
수빈   응. 엄마, 별님이 달님이 잘 있어?
엄마   응 그런 거 같아. 엄마 일하고 왔더니 집에 들어가 있던데.
수빈   어디 봐야지. 별님아, 달님아 이리 와 봐.
(고양이 어정어정 걸어 나온다)
수빈   엄마, 별님이는 맞는데 달님이는 아닌 거 같아.
엄마   왜 아니야? 맞잖아. 털 빛깔도 똑같고 얼굴 무늬도 같잖아.
수빈   아니라니까. 달님이하고 얘하고는 다른 점이 많아. 이마 있는데 두 줄이 아니고 세 줄 무늬가 있고 달님이는 얘처럼 무릎에 가만히 앉아 있지 않아. 내 품으로 파고든단 말이야. 안기는 것처럼. 달라.
엄마   그래? 나는 똑같은 거 같은데.
수빈   내가 닷새 동안이나 키우다 갔잖아. 얘가 아니란 말이야.
엄마   그래? 그러면 진안아주머니네 집 가 보자. 다른 새끼들도 잘 있나 보고.
(진안아주머니 집에 가서)
수빈   엄마, 봐봐. 얘잖아 얘. 달님이가 얘란 말이야.
엄마   하하하. 그러게 우리 수빈이 예리하네.
         진짜 달님이가 엄마개가 보고 싶었나 보다.
수빈   달님아 가자. 이리 와(달님이가 와서 안긴다.)
엄마   어머 쟤 좀 봐. 닷새밖에 안 키웠는데 키워준 사람을 알아보다니.
아주머니   쯧쯧, 수빈이가 어지간히 예뻐했나 보다.
수빈   달님아, 너 엄마 보고 싶었어? 이제 내가 너를 돌봐줄게.
         우리 집으로 가자.

011

거미도 줄을 쳐야 벌레를 잡는다

모든 일은 준비가 있어야 열매를 얻을 수 있다는 뜻

숫을물음

1. 거미가 뭐지? _____
2. _____
3. _____
4. _____
5. _____

✒️ 풀이씨를 씨낱말로 짧은 글을 짓는 월 쌓기를 해보자.

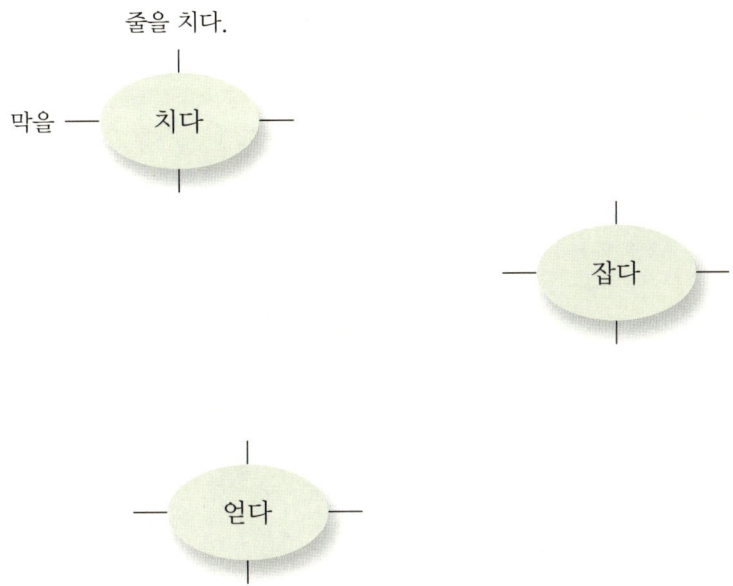

🌱 '거미와 벌레'로 우듬지싹을 키워보자. 뭐가 보이나?

✒ 가온 자리에 마음에 와 닿는 알짬 글귀를 쓰고 그 둘레에 짧은 월을 짓는 풀이씨 일판 '아홉 난 월 쌓기'로 낱말밭을 만들어 봅시다. 난마다 짧은 월 가운데 하나를 골라 판그림을 그려 넣은 글그림판을 꾸며 봅시다.

✒ 글그림판을 마련했으면 삶품말을 넣은 글월(편지)을 써 보시오.

걷기도 전에 뛰려고 한다

 쉽고 작은 일도 못하면서 더 어렵고 큰일을 하려 한다는 뜻

속을물음

1. 작은 일 큰 일이 뭐지?

2.

3.

4.

5.

삶품말_12 마주이야기

자꾸 따라오려 하잖아

마주 엄마, 영주가 자꾸 넘어져요. 무릎 다쳤어.
엄마 아휴 그래? 이런, 영주야. 아직 뛰지 마. 천천히 걸어야지.
      무릎 아야 하잖아. 피 나오네.
영주 어니 어니(언니) 마 가(막 가)
엄마 언니 따라가려고 그랬어? 어휴 우리 영주가 언니하고 같이 가고 싶었나 보다.
마주 나를 자꾸 따라오려고 하잖아.
영주 어니 어니 아야 아야.
엄마 그래 영주야. 엄마가 약 발라 줄게.
      아프지? 호 해줄게 조금만 기다려.
영주 아야, 여 아

➯ '걷기도 전에 뛰려고 한다.'란 삶품말 뜻이 담긴 일을 아홉 난 그림담(만화)으로 그려봅시다.

계란으로 바위치기

보잘 것 없는 힘으로 대들어 보아야 별수가 없음

속을물음

1. 닭알이 달걀인가? _____
2. _____
3. _____
4. _____
5. _____

✒️ 풀이씨를 씨낱말로 짧은 글을 짓는 월 쌓기를 해보자.

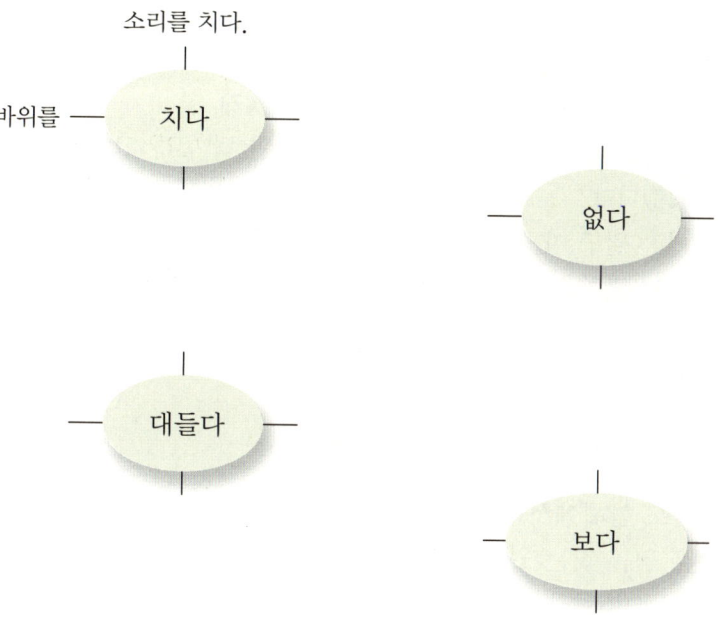

🌱 우듬지싹을 키우면 꼬리에 꼬리를 무는 생각씨 줄기말이 자라지.

끄떡도 안 해

행복   "선생님, 숙제 좀 조금 내 주세요." 이렇게.
      어떤 애는 제발제발 숙제 좀 안 내면 안 될까요? 그랬거든.
마주   그랬더니?
행복   아휴 말도 마. 우리 선생님은 끄떡도 안 해.
      완전 달걀로 바위치기야. 글쎄 숙제를 더 많이 내주지 뭐냐.
마주   에구 안됐다.

✒ '끄덕도 안해'에서 풀이씨 씨낱말을 골라 물음월 씨끝바꿈이 있는 짧은 월을 짓는 월 쌓기를 해보자.

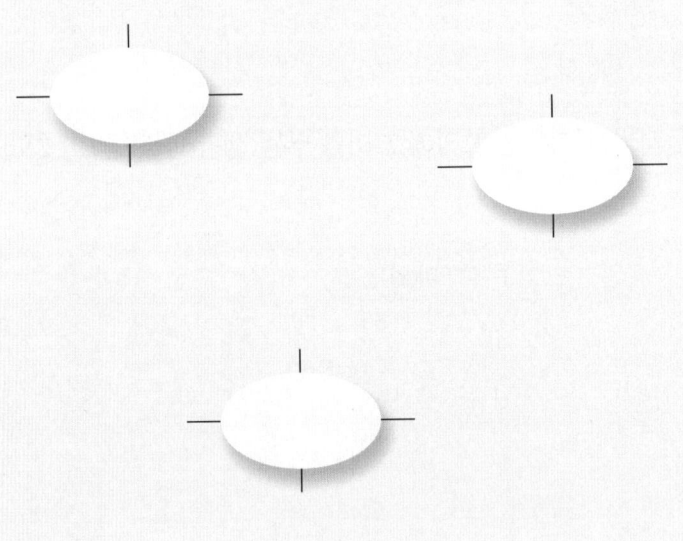

✏ '계란으로 바위치기.'란 삶품말의 뜻을 담은 일을 떠올려 아홉 난 그림담으로 그려봅시다.

✏ 아홉 난 그림담을 그렸으면 삶품말을 넣어 이야기를 쓰시오.

014

구슬이 서 말이라도 꿰어야 보배

아무리 좋은 솜씨와 훌륭한 일이라도 끝을 마쳐야 쓸모가 있다는 뜻

속을물음

1. 구슬을 꿰면 무엇이 되지?
2.
3.
4.
5.

잘 알려줘야지

마주 피아노만 잘 치면 뭐해? 성질이 더러운데.
행복 공부만 잘하면 뭐해? 애들만 놀리는데.
마주 그림만 잘 그리면 다야? 잘난 체 봐주기 힘들어.
행복 글쓰기를 잘하면 뭐해? 마음이 미운데.
엄마 얘들아, 누가 그렇다는 거야?
　　　왜 그렇게 없는 사람 이야기를 하고 그래?
마주, 행복　……
엄마 너희 동무 가운데 뭐든지 잘 하는 아이가 있나 보구나?
　　　너희들은 그게 샘나는 거지?
마주, 행복　아뇨. 전혀.
엄마 내가 들어보니 피아노도 잘 치고 공부도 잘하고 그림도 잘 그리고 글쓰기도 잘하는 아이가 있다고 한 거 같은데. 그 애가 마음이 미운가 보지. 옛말에 '구슬이 서 말이라도 꿰어야 보배'란 말이 있어. 그 동무한테도 예쁜 마음이 받쳐주면 나머지 것들이 더 빛나게 될 거 같아. 동무니까 너희들이 잘 알려줘야지.
마주, 행복　싫어요. 말도 하기 싫어요.
엄마 그 마음 안다. 하지만 뒷소리 하는 건 더 나빠.

015

굶어 보아야 세상을 안다

 뜻풀이

실제로 배고파 고생을 해 본 사람은
세상살이가 얼마나 어려운가를 안다는 말

속을물음

1. 왜 굶지?

2.

3.

4.

5.

✒️ 풀이씨를 씨낱말로 짧은 글을 짓는 월 쌓기를 해보자. 뭐가 나오나?

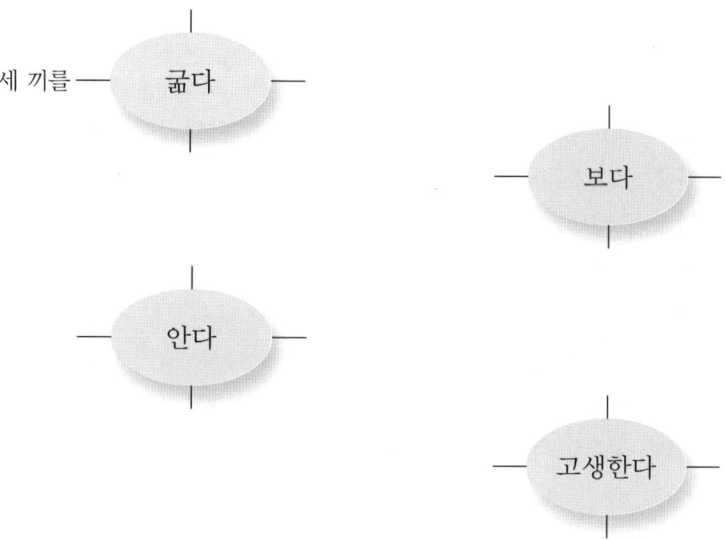

✒️ 풀이말에 이끌리는 어찌씨(부사어)를 찾아 짧은 월을 짓는 월 쌓기를 해보자.

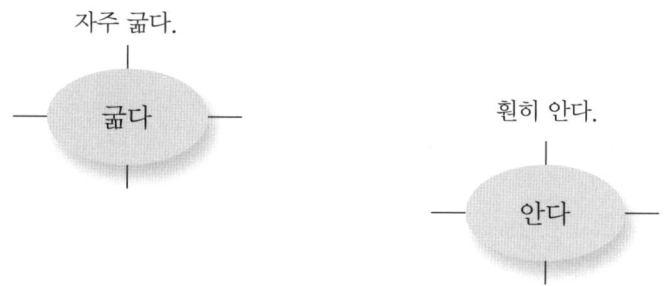

삶품말_15 마주이야기

몸소 굶다

마주   엄마, 이번 달 몸소 배움은 밥 굶는 프로그램을 한대. 먹을 것이 없어 굶고 사는 나라의 아이들을 생각하면서 말이야.
엄마   아휴 그래? 그렇다면 엄마도 그날은 밥을 한 끼 굶어야겠다.
마주   엄마가 왜요?
엄마   어린 우리 마주도 한다는데 어른인 엄마만 먹고 있으면 안 되지.
      마주야 엄마도 할 테니 너도 해 보자.
마주   알았어요. 선생님이 그러셨어.
      굶어 보아야 배고픈 아이들의 마음을 안다고.
엄마   그래. 굶으면서 그 아이들의 마음을 함께 느껴보자.

 '굶어 보아야 세상을 안다.'라는 삶품말의 뜻을 드러내는 그림을 넣어 차례 그림을 그리시오.

➤ 차례 그림을 그렸으면 알림본을 만들어 보시오.

* 알림본에는 알짬 알림글귀와 으뜸 알림그림과 맘들임(설득) 풀이글이 있다.

그물에 든 고기

 뜻풀이

이미 잡혀 옴짝달싹 못하고
죽을 지경에 빠졌음을 빗대어 이르는 말

속을물음

1. 그물이 뭐지?

2.

3.

4.

5.

딱지 따먹기

딱지 따먹기 할 때
한 아이가 내 것을 치려고 할 때
가슴이 조마조마 한다.
딱지가 홀딱 넘어 갈 때
나는 내가 넘어가는 것 같다. 🎵♪

철수   (속으로) 흐흐흐, 넌 오늘 나한테 잘못 걸린 거야.
        내가 딱지왕이라는 거 몰랐지?
        내가 니 딱지를 다 따먹을 테니까 기다려라.
마주   (울상을 지으며) 아 아 열 개나 잃었네.

017

기르던 개에게 다리가 물렸다

도와주고 사랑을 베풀어준 사람에게 도리어
언걸(피해)을 입었다는 말

속을물음

1. 개를 왜 길렀지?

2.

3.

4.

5.

✒️ 풀이씨를 씨낱말로 짧은 글을 짓는 월 쌓기를 해보자.

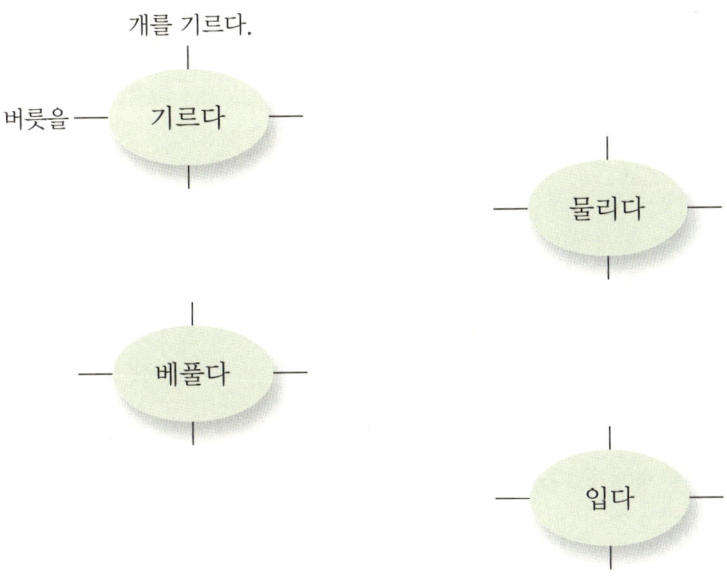

삶품말_17 마주이야기

그러는 거 있지

마주   행복아, 오늘 정말 황당한 일이 있었다.
행복   무슨 일인데?
마주   글쎄 철수 말이야. 나 참 웃겨서.
행복   차근차근 말해 봐. 왜? 무슨 일인데?
마주   글쎄 내가 어제 철수 숙제하는데 모른다고 해서 도와줬거든.
       근데 학교에서 오늘 엄청 잘난 체 하는 거 있지.
       내가 깜빡 잊고 숙제 한 걸 안 가져갔어. 그랬는데 철수가
       선생님께 "마주 숙제 안했대요." 그러는 거 있지.

✎ '그러는 거 있지'에서 풀이씨를 골라 물음월 씨끝바꿈이 있는 짧은 월을 짓는 월 쌓기를 해보자.

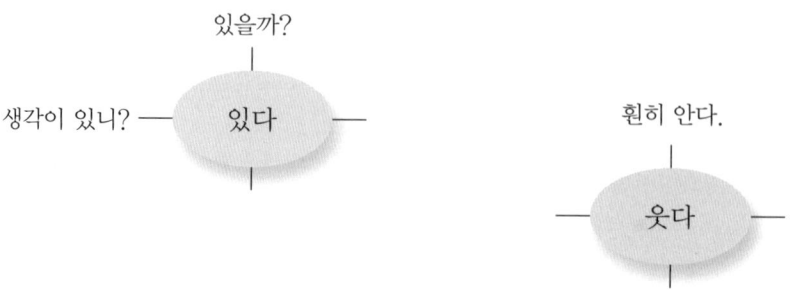

➣ '기르던 개에게 다리가 물렸다.'란 삶품말 뜻이 담긴 일을 다섯 난 그림담(만화)으로 그려봅시다.

➢ 그림담을 그렸으면 삶품말을 넣은 글월(편지)을 써 보시오.

018

나무에 오르라 하고 흔드는 격

남을 위험하게 하고 궁지에 몰아 넣는다는 말

속을물음

1. 나무는 왜 나오지?
2. 흔드는 일이 뭐지?
3.
4.
5.

나도 잘하고 싶어요

예찬   내 얘기 좀 그만하세요.
        엄마는 왜 맨 날 앉았다 하면 내 얘기만 하세요?
엄마   그게 어때서?
예찬   이제 싫어요. 엄마가 자꾸 나보고 공부도 못 한다 그러고
        운동도 못 한다 그러고 뭐든지 못 한다 그러니까 내가 더 하기 싫
        잖아요.
엄마   네가 못하니까 못 한다 그러지 잘 해봐라. 그러면 잘 한다 그러지.
예찬   못하는 것도 서러운데 엄마가 다른 사람들에게 그렇게 말하니
        기분 나빠요. 나도 잘 하고 싶단 말이에요.
엄마   제발 잘 한번 해 봐라. 내 니 말 안 할 테니.
예찬   칫, 나무에 올라가라 하고 흔드는 격이네요.
엄마   잉? 이건 뭔 소리여? 그런 말도 알고.
예찬   나라고 뭐 그런 말도 못해요. 나도 하면 잘 한다고요.
엄마   그래그래. 미안하다.

019

날면 기는 것이 능하지 못하다

 뜻풀이

훌륭한 재주가 있는 사람이라도 모든 일을
다 잘할 수 없음을 빗대어 이르는 말

속을물음

1. 나는 것을 내들면? _____
2. _____
3. _____
4. _____
5. _____

✍ 풀이씨를 씨낱말로 짧은 글을 짓는 월 쌓기를 해보자.

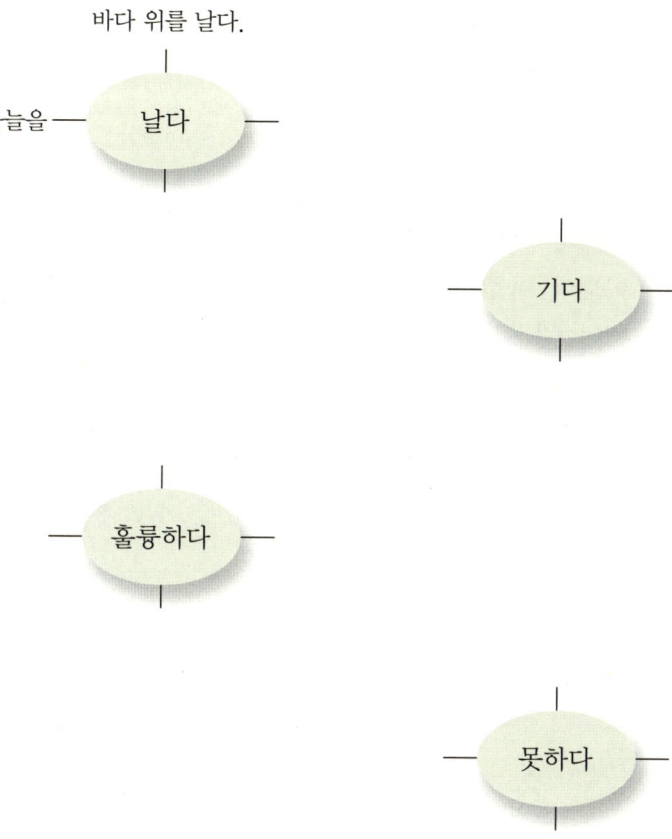

칭찬 듣고 싶어

엄마 아휴 우리나라 김연아 선수 좀 봐.
      어찌 그렇게 이쁘고 잘하는 거냐고?
마주 엄마 나도 운동 잘해서 엄마한테 칭찬 듣고 싶어.
      근데 난 운동 정말 싫어한단 말이야.
엄마 아니야 마주야. 날면 기는 것이 능하지 못하다는 삶품말이
      있어. 뭐든지 잘 하는 게 사람마다 다른 거야.
      우리 딸이 어때서?
마주 그래도 엄마가 김연아 선수 부러워서 말하는 게.
      꼭 나 들으라고 하는 말 같잖아.
엄마 아이구, 이제 말도 마음대로 못하겠네.

풀이말에 이끌리는 어찌말을 찾아 짧은 월을 짓는 월 쌓기를 해보자.

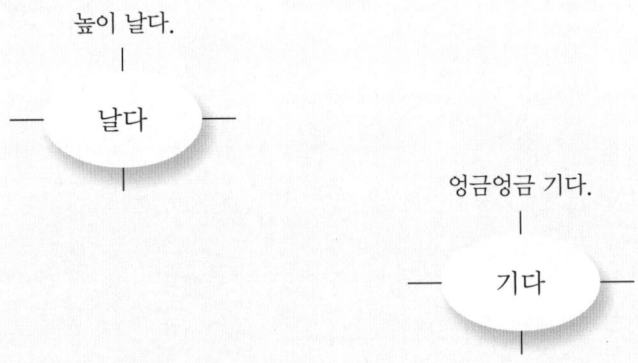

✒ '날면 기는 것이 능하지 못하다.'란 삶품말 뜻이 담긴 아홉 난 그림담(만화)을 그려봅시다.

✒ 오려붙이거나 그림담을 그렸으면 삶품말을 넣어 이야기를 쓰시오.

020

남아 일언 중천금

사내의 말 한 마디는 천금같이 무겁다는
뜻이니, 말의 중요성을 힘준 말

속을물음

1. 천금이 뭐지?

2.

3.

4.

5.

삶품말_20 마주이야기

놀리지 마라

철수   영철이 낯빛은 빨개. 빨간 건 원숭이.
마주   너 또 놀릴 거야?
철수   내 마음이다 왜? 메에 롱.
         나는 마주 팬티 봤다. 무슨 색? 빨간색 히히히.
마주   너 정말! 흑흑흑.
교사   이철수, 앞으로 나와라. 너 왜 마주를 놀리고 그래?
철수   놀리긴요. 사실대로 말한 것뿐인데요. 히히.
교사   이철수, 그런 걸 봤어도 그냥 말하지 않는 거야.
         여기 속옷 안 입은 사람 있어?
철수   아 아뇨.
교사   그렇다면 입을 가볍게 놀리지 마라.
         너는 장난으로 말하지만 본인들에게 상처가 될 수 있어.
철수   네 선생님 죄송해요.

✎ 풀이말에 이끌리는 어찌자리토를 찾아 짧은 월을 짓는 월 쌓기를 해보자.

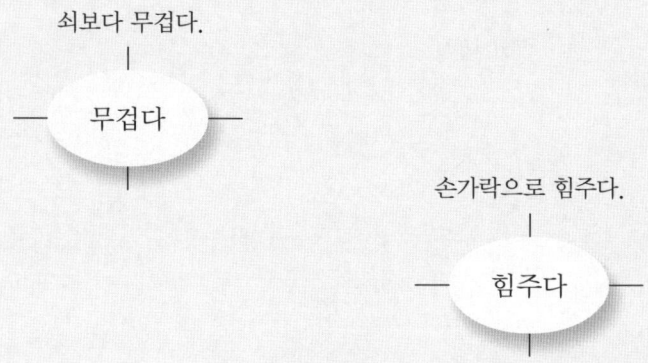

021

남의 말 하기는 식은 죽 먹기

남의 잘못을 드러내기는
자기의 허물을 말하기보다 쉽다는 말

속을물음

1. 죽이 뭐지?

2.

3.

4.

5.

✒️ 풀이씨를 씨낱말로 짧은 글을 짓는 월 쌓기를 해보자. 뭐가 나오나?

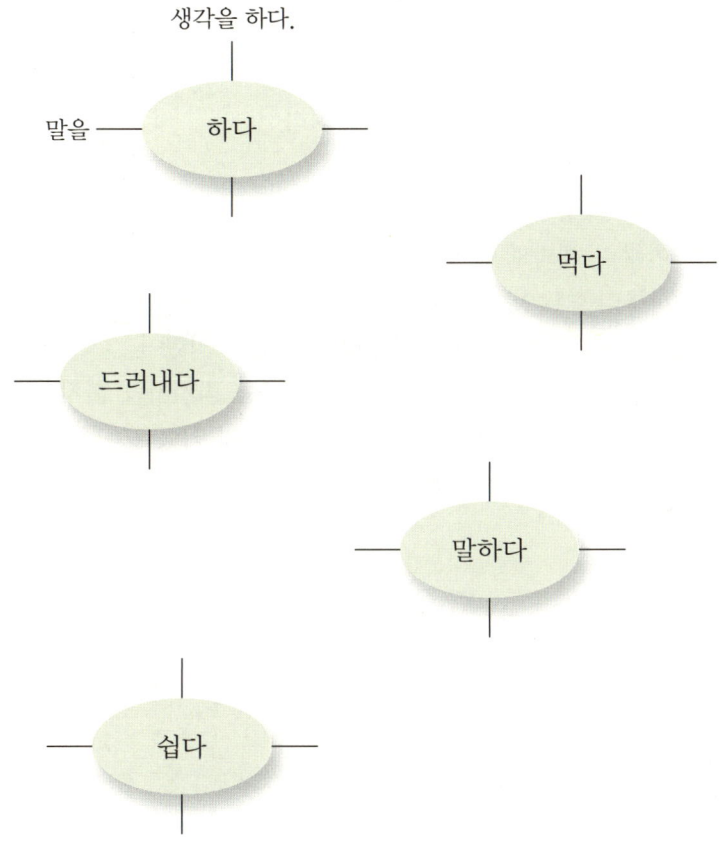

🌱 우듬지싹을 키우면 꼬리에 꼬리를 무는 생각씨 줄기말이 자라지.

한 달 동안 익혔어

승환   기현이 사투리로 이야기 진짜 잘하더라.
대승   맞아맞아. 진짜 재밌었어.
승환   근데 우리 사투리로 해야 되는데 말투가 다른 지역 사투리 같았어.
기현   내가 아무리 해봐도 잘 안되더라고.
대승   형이 사투리를 많이 못 들어봐서 그럴거야. 그래도 잘 한 거 같은디.
기현   나 한 달 동안 잠도 안자고 사투리 공부하며 익혔어.
대기   그랬구나. 우리가 남의 말 하기는 식은 죽 먹기처럼 하지. 그런데 기현이 말을 듣고 보니 기현이가 정말 힘들게 익혔다는 걸 알았어.
승환, 대승   맞아 맞아. 그러니까 남의 말을 함부로 하면 안되겠네.

➯ 우듬지싹과 마주이야기를 살펴보고, '말'이 만들어 낸 빛깔과 모습과 자취가 드러나는 일을 아홉 난 그림담으로 그려 보시오.

남의 밥에 든 콩이 굵어 보인다

'남의 떡이 커 보인다.'와 같은 뜻의 삶품말(속담)

속을물음

1. 콩은 어떻게 생겼지?

2.

3.

4.

5.

못 말려

영주　엄마, 왜 엄마는 만날 마주 언니 옷만 입으라는 거야?
엄마　새 옷이나 다름없어.
　　　마주 언니가 작아서 못 입으니까 그러지.
영주　그래도 싫어. 나도 새 옷 사 줘.
엄마　어머 얘 좀 봐. 언니 옷 물려 입는 게 당연하지.
영주　싫어 싫어 나도 새 옷 사 줘.
엄마　아휴 얘가 왜 이래.
　　　마주 언니도 만날 새 옷 입은 거 아니야.
　　　외갓집 소정 언니 옷도 물려 입었다고.
　　　그래도 너처럼 떼쓰지 않았어.
영주　그래도 마주 언니는 이쁜 옷 많잖아.
　　　나는 맨 헌 옷만 입으니까 이쁜 옷도 없단 말이야.
엄마　원래 남의 떡이 커 보이는 법이야.
　　　마주 언니도 헌 옷 많이 입었어. 너 만할 때는.
　　　너도 좀 더 크면 사 줄게.
영주　싫어 싫어. 지금부터 사 주란 말이야.
엄마　어이구 저 떼쟁이. 못 말려.

남의 잔치에 감 놔라 배 놔라 한다

쓸데없이 남의 일에 끼어든다는 뜻

속을물음

1. 무슨 잔치?
2.
3.
4.
5.

풀이씨를 씨낱말로 짧은 글을 짓는 월 쌓기를 해보자.

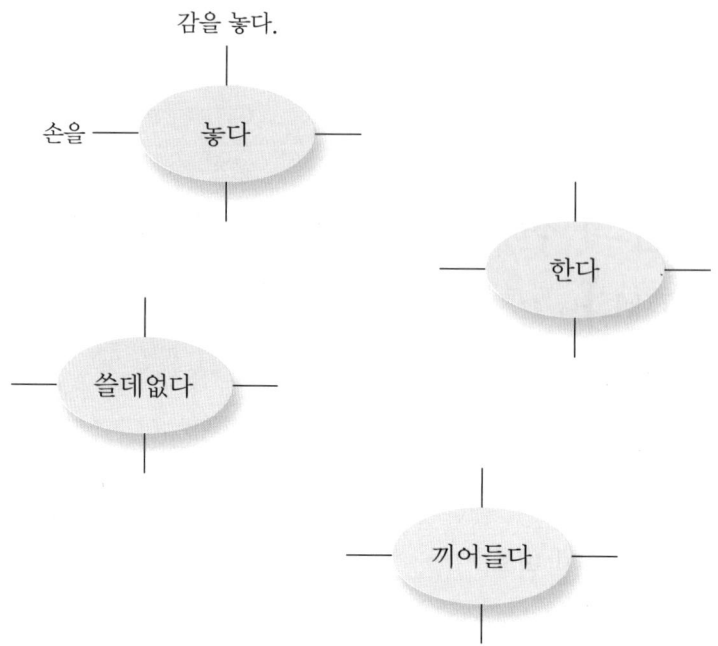

◆ 가온 자리에 마음에 와 닿는 알짬 글귀를 쓰고 그 둘레에 짧은 월을 짓는 풀이씨 일판 '아홉 난 월 쌓기'로 낱말밭을 만들어 봅시다. 난마다 짧은 월 가운데 하나를 골라 판그림을 그려 넣은 글그림판을 꾸며 봅시다.

그냥 먹어

효준   야 예찬아, 생일 축하한다. 근데 먹을 게 이거 밖에 없냐?
예찬   (당황하며) 어? 어어. 왜?
철수   아이, 겨우 통닭 먹으러 오랬냐?
       난 더 맛있는 거 내놓을 줄 알았더니.
효준   야 철수야 그냥 먹어.
예찬   ……
철수   야, 내가 뭐 틀린 말 했냐? 먹을 게 없잖아.
효준   철수 너 너무 한다.
       예찬이 생일잔치에 와서 니가 왜 감 놔라 배 놔라 하냐?
철수   미 미안해.

➴ 풀이씨 일판의 월 쌓기를 살펴보고 삶품말을 넣어 이야기를 쓰시오.

024

낮말은 새가 듣고 밤말은 쥐가 듣는다

아무도 안 듣는 데에서도 말은 조심하여야 한다는 뜻

속을물음

1. 낮말이 뭐지?
2.
3.
4.
5.

절대 비밀인데요

예원   선생님, 우리 아빠는 어렸을 때 이불에다 지도를 그렸대요.
교사   정말?
예원   내가 어젯밤 꿈을 꾸는데요. 제가 이불에 오줌을 잔뜩 싸는 꿈을 꿨거든요. 그래서 울다 깼더니 아빠가 나를 안고 누곳으로 데리고 갔어요. 그러면서 아빠가 나한테 그러는 거 있죠.
"쉿! 예원아. 이건 엄마한테도 비밀인데 아빠도 너만 할 때 이불에다 오줌을 쌌어."
그래서요. 제가 오줌을 누면서 하하하하 웃다가요. 오줌이 아빠 얼굴에 튀었다요.
교사   하하하. 그래? 알았어. 아빠 이야기는 절대 비밀로 하자.
낮말은 새가 듣고 밤말은 쥐가 듣는다잖아.
그러니 이 말은 예원이랑 나랑 절대 비밀 지키기.
예원   네. 알았어요.

내 배가 부르니 종의 배고픔을 모른다

좋은 터수에 있는 사람은 남의 딱한 속내를 모른다.
내 속내만 알고 남의 속내는 알지 못한다는 뜻

속을물음

1. 종은 누구지?
2.
3.
4.
5.

✒️ 풀이씨를 씨낱말로 짧은 글을 짓는 월 쌓기를 해보자.

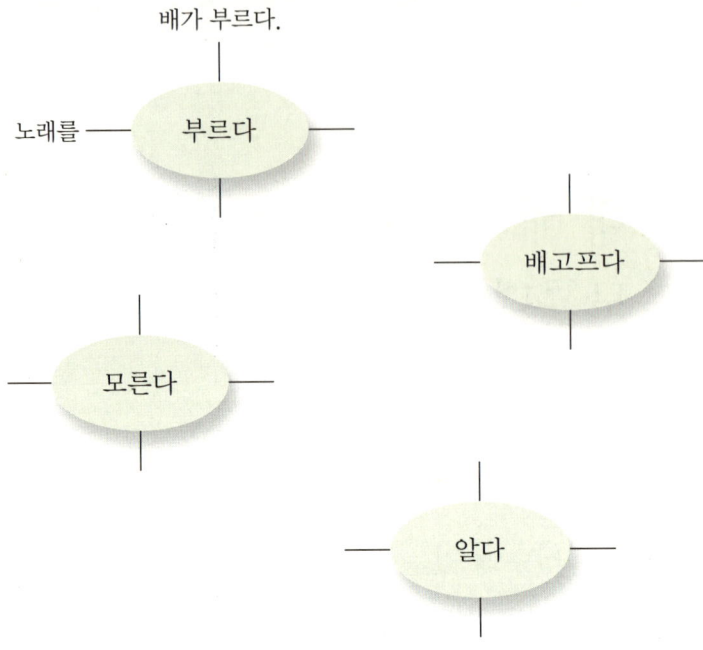

✒️ 풀이말에 이끌리는 어찌말을 찾아 짧은 월을 짓는 월 쌓기를 해보자.

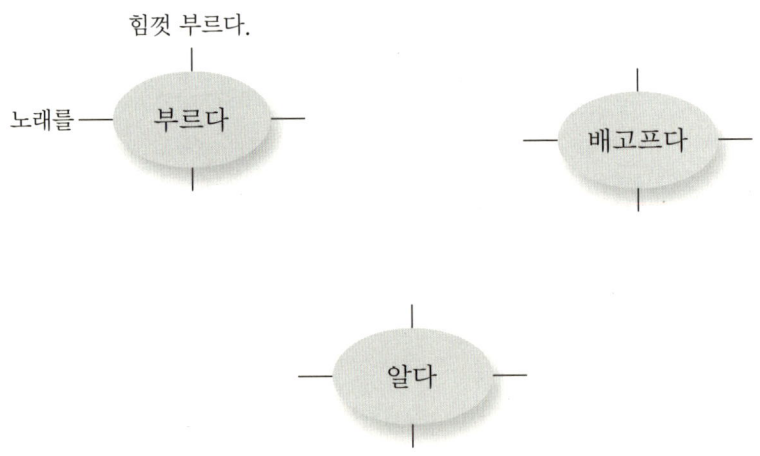

삶품말_25 마주이야기

못 참아

해숙　아휴 배고파. 엄마 밥 줘.
엄마　왜 이리 호들갑이야? 조금만 기다려.
해숙　엄마, 나 배고프단 말이야.
엄마　배고프다고? 조금 전에 빵을 하나 다 먹었는데?
해숙　빵 먹는 배와 밥 먹는 배가 달라. 달걀 부침개 해 줘요.
엄마　응 알았다 알았어. 어이구, 하루 굶기면 난리 나겠네.
해숙　난 배고픈 건 못 참아.

✒ '내 배가 부르니 종의 배고픔을 모른다.'란 삶품말 뜻이 담긴 일을 아홉 난 그림담(만화)으로 그려봅시다.

➷ 그림담을 그렸으면 삶품말을 넣은 글월(편지)을 써 보시오.

내일은 해가 서쪽에서 뜨겠네

뜻풀이

바라지 않았던 일이 벌어지고 있다는 뜻

속을물음

1. 서쪽은 어디지?

2.

3.

4.

5.

해가 서쪽에서 뜨겠네

엄마   우리 마주가 다 컸네 다 컸어.
마주   왜요?
엄마   아침에 자기가 알아서 일찍 일어나니 말이야.
마주   히히. 엄마 그냥 아침에 눈이 떠져요.
엄마   아휴 그랬어? 우리 마주 기특하다.
마주   엄마 해숙이도 어제는 지각 안하고 십분 빨리 왔어.
　　　그러니까 애들이 "해가 서쪽에서 뜨겠네", "해가 서쪽에서 뜨겠네"
　　　하고 한마디씩 했다니까.
엄마   너무 놀리면 못 써.
마주   난 아무 말도 안했어요.

누울 자리 봐 가며 발 뻗어라

 뜻풀이

다가올 뒤끝을 생각해 가면서 모든 것을
미리 살피고 일을 치르라는 뜻

속을물음

1. 왜 눕지?

2.

3.

4.

5.

✒️ 풀이씨를 씨낱말로 짧은 글을 짓는 월 쌓기를 해보자. 뭐가 나오나?

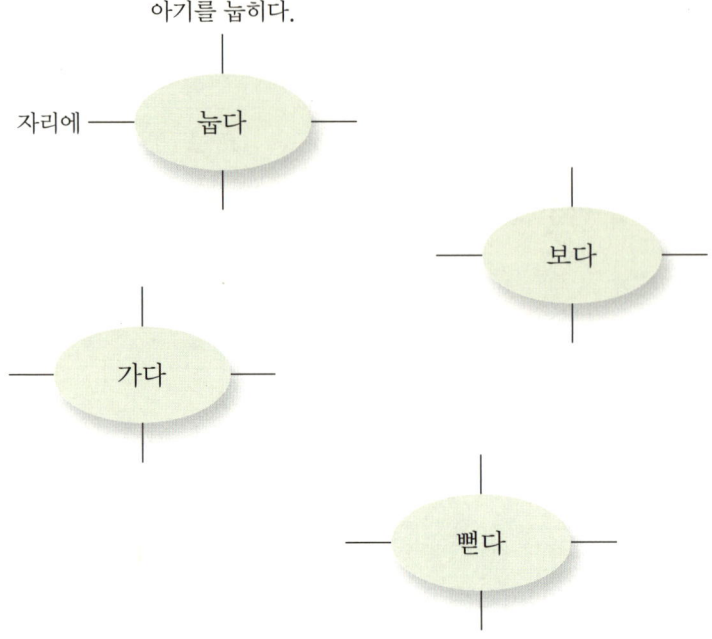

➡️ '누울 자리 봐 가며 발 뻗어라'를 읽고 아홉 가지를 물어보시오.

➡ 가온 자리에 마음에 와 닿는 알짬 글귀를 쓰고 그 둘레에 짧은 월을 짓는 풀이씨 일판 '아홉 난 월 쌓기'로 낱말밭을 만들어 봅시다. 난마다 짧은 월 가운데 하나를 골라 판그림을 그려 넣은 글그림판을 꾸며 봅시다.

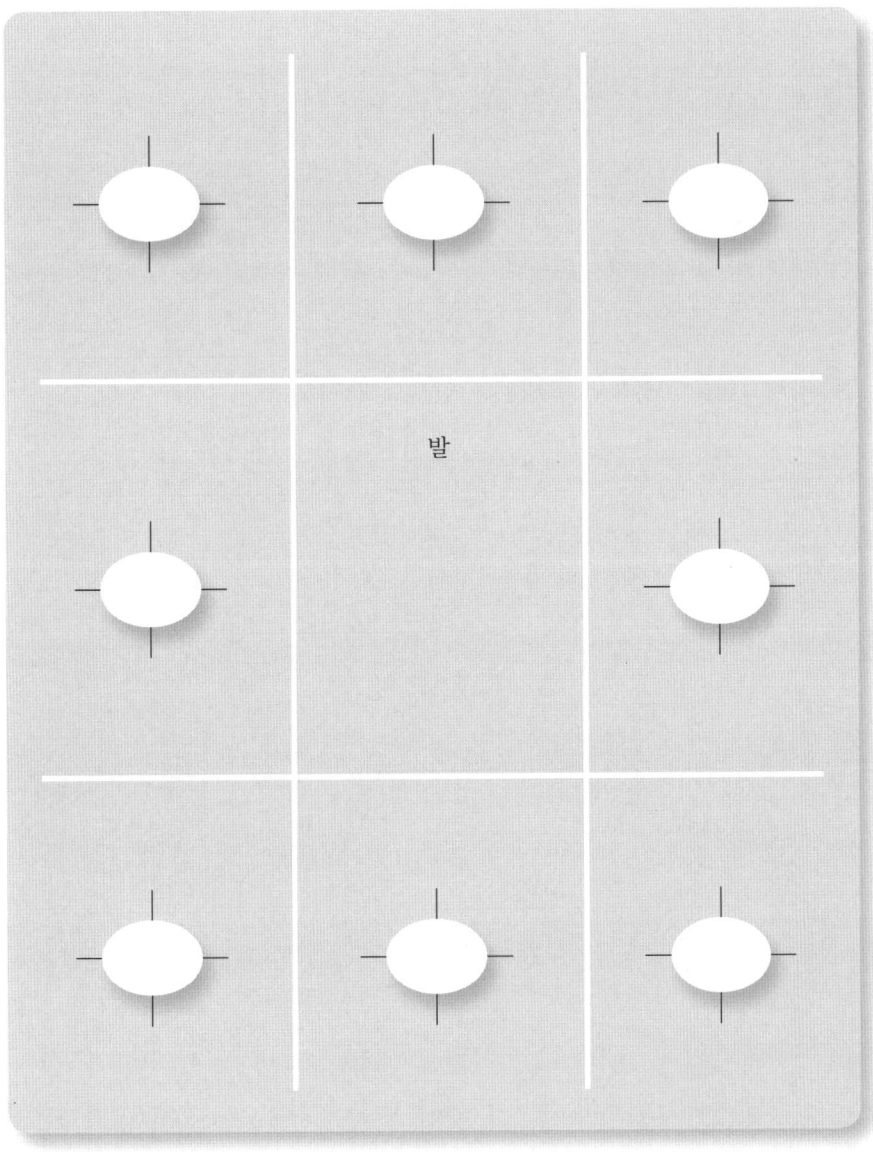

➪ '누울 자리 봐 가며 발 뻗어라'라는 삶품말의 뜻을 드러내는 차례 그림을 그리시오.

➪ 차례그림을 그렸으면 알림본을 만들어 보시오.

* 알림본에는 알짬 알림글귀와 으뜸 알림그림과 맘들임(설득) 풀이글이 있다.

느린 소도 성낼 적이 있다

아무리 성미가 느리고 순한 듯한 사람도 성나면 꽤나 무섭다는 뜻

속을물음
1. 소의 갈래는?
2.
3.
4.
5.

화가 나

해숙   마주야. 너도 싸우니?
마주   잘 해주니까 지맘대로 놀리잖아.
해숙   그래도 말로 하지 그랬어.
마주   하지마라는 데도 또 해. 그래 화가 나 싸웠지.

↠ '느린 소도 성 낼 적이 있다'와 아랑곳한 소 그림을 그려 보시오.

다 된 밥에 재 뿌리기

뜻풀이

잘 되어 가던 일을 그르쳐 갑자기 어렵게 될 때 쓰는 말

속을물음

1. 재를 뿌리면 어떻게 되니?
2.
3.
4.
5.

✏️ 풀이씨를 씨낱말로 짧은 글을 짓는 월 쌓기를 해보자. 뭐가 나오나?

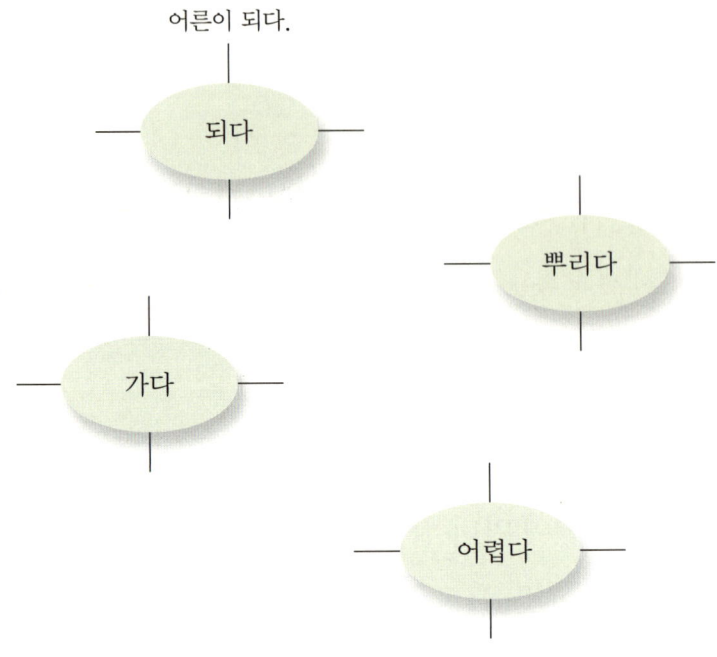

✒️ '다 된 밥에 재 뿌리기.'라는 삶품말의 뜻을 드러내는 차례 그림을 그리시오.

✍ 풀이말에 이끌리는 어찌자리토를 찾아 짧은 월을 짓는 월 쌓기를 해보자.

✒ 가온 자리에 마음에 와 닿는 알짬 글귀를 쓰고 그 둘레에 짧은 월을 짓는 풀이씨 일판 '아홉 난 월 쌓기'로 낱말밭을 만들어 봅시다. 난마다 짧은 월 가운데 하나를 골라 판그림을 그려 넣은 글그림판을 꾸며 봅시다.

✎ 글그림판을 마련했으면 알림본을 만들어 보시오.

* 알림본에는 알짬 알림글귀와 으뜸 알림그림과 맘들임(설득) 풀이글이 있다.

닭에게는 보석이 보리알만 못하다

잘해줘도 욕 얻어먹으니 수준에 맞게 해주는 게 좋다는 뜻

속을물음

1. 닭도 새지?
2.
3.
4.
5.

새 거 사줘

마주 영주야, 너 이 공기 가질래?
영주 싫어. 언니는 왜 맨날 언니가 가지고 놀던 것만 줘?
　　 새 거 사 줘.
마주 이게 어때서? 이거 좋아. 가지고 놀아.
영주 싫어 싫어. 나 새 거 갖고 싶어.
마주 그럼 언니가 용돈 모아서 사 줄게.
영주 정말?
마주 응 그럴게. 나랑 그때는 공기놀이하자.
영주 근데 언니, 이 공기 누가 사 줬어?
마주 엄마가 사 준 것도 있고 내가 산 것도 있지.
영주 봐봐. 엄마는 맨날 언니만 사주고 나는 안 사주고.
마주 깔깔깔. 알았어.

031

닭 쫓던 개 지붕 쳐다보듯 한다

 뜻풀이

하려고 애쓰던 일이 잘못 되거나 같이 애를
쓰다가 남에게 뒤떨어져 어찌할 수 없이
헤맬 때를 이르는 말

속을물음

1. 지붕이 어디지? _____

2. _____

3. _____

4. _____

5. _____

✎ 풀이씨를 씨낱말로 짧은 글을 짓는 월 쌓기를 해보자.

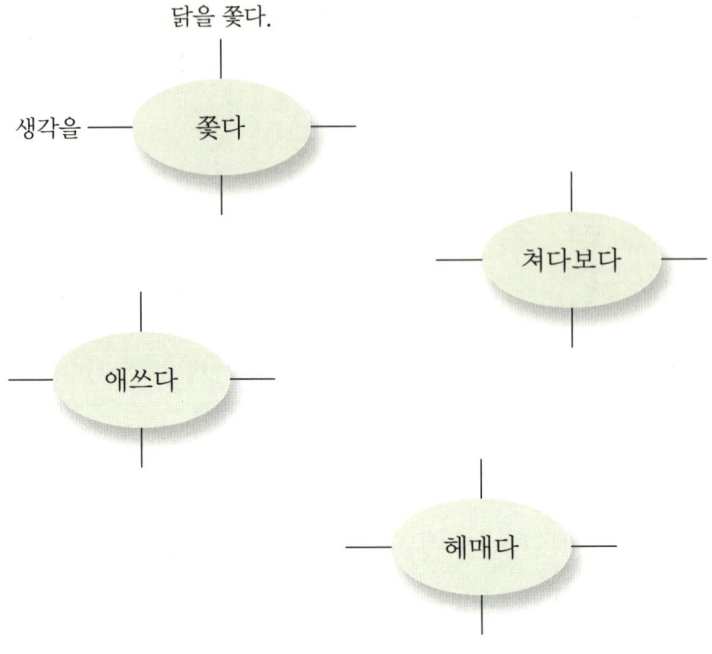

➔ 바탕글의 물음월 씨끝이 있는 짧은 월을 짓는 월 쌓기를 해보자.

✒ '닭 쫓던 개 지붕 쳐다보듯 한다.'란 속담말 뜻에 알맞은 일을 찾아 아홉 난 그림담(만화)으로 그려봅시다.

✐ 그림담을 그렸으면 삶품말을 넣은 글월(편지)을 써 보시오.

삶품말_31 마주이야기

읽기 싫지

엄마   철수야 넌 도대체 왜 책을 싫어하는 거야?
철수   책만 보면 머리가 아파. 책 읽기 싫어.
엄마   큰일났네 왜 책만 보면 머리가 아플꼬. 꾀병 아니야?
철수   엄마가 그렇게 말하니까 더 읽기 싫지.
엄마   어이구 못살아. 어렸을 때 너무 책 읽으란 말을 많이 해서 그런가? 그땐 책만 보면 좋아하더니 지금은 책만 보면 닭 쫓던 개 지붕 쳐다보듯 하니 원. 다 내 탓이야.

도둑놈 문 열어 준 셈

나쁜 사람에게 나쁜 일을 할 기틀을 만들어 주고
자기가 도리어 손해를 입었다는 말

속을물음

1. 믿이 뭐지?

2.

3.

4.

5.

컴퓨터를 실컷 하랬더니요

엄마   철수야, 오늘은 숙제도 하지 말고 컴퓨터 하고 놀아라.
철수   앗싸! 엄마 고마워요.
엄마   그저 컴퓨터 컴퓨터 노래를 하고 사니까 실컷 하고 놀아.
철수   알겠어요.

(상담실에서)
엄마   선생님, 우리 철수가 컴퓨터 중독인가 봐요.
      컴퓨터 앞에만 앉았다 하면 아무리 불러도 대답도 안하고요.
      학교 갔다 집에 오면 아무것도 안하고 잠자기 전까지 컴퓨터만 해요. 제가 어느 날, 컴퓨터를 실컷 하라고 했더니 그 뒤부터 그래요.
      아이들과 노는 것도 싫어해서 걱정이에요.
교사   걱정을 많이 하셨겠네요.
      어머니께서 '도둑놈 문 열어준 셈'이 됐군요. 하하하.
      그런데 어머니, 걱정하지 마세요.
      때때로 실컷 했는지 안했는지만 부드러운 말로 확인하시고요.
      조금씩 다른 쪽에 볼맘을 갖도록 이끌어주세요.
      때론 어머니랑 함께 컴퓨터를 하기도 하고요.
      그러다보면 서로 노느매기하면서 차츰 컴퓨터 하는 일이 줄어들게 될 거예요.
엄마   아, 그렇군요. 고맙습니다. 선생님.

도둑에게 열쇠 주는 격

 믿을 수 없는 사람에게 일을 맡기는 어리석음을 이르는 말

속을물음
1. 열쇠가 식때니?
2.
3.
4.
5.

✒️ 풀이씨를 씨낱말로 짧은 글을 짓는 월 쌓기를 해보자.

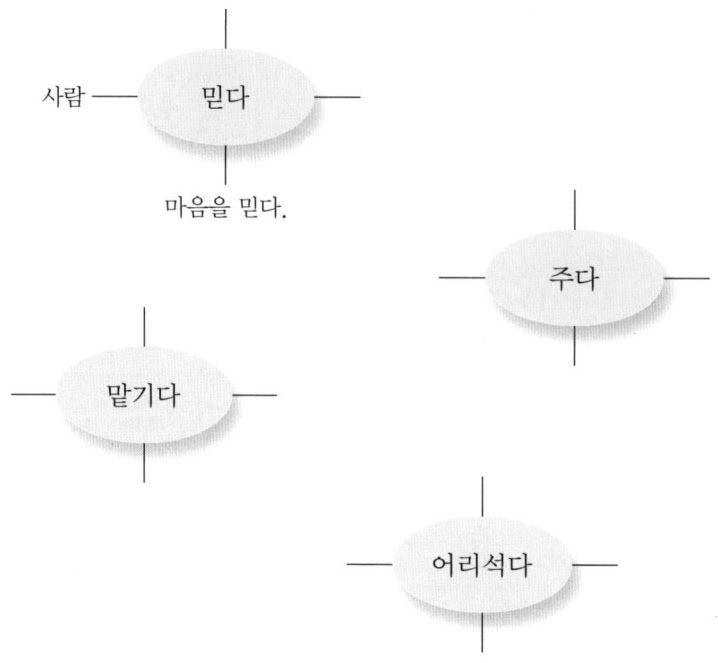

✏️ 풀이말에 이끌리는 어찌말을 찾아 짧은 월을 짓는 월 쌓기를 해보자.

✑ '남도둑에게 열쇠 주는 격.'이란 삶품말이 드러나는 일을 아홉 난 그림담(만화)으로 그려봅시다.

✑ 오려붙이거나 그림담을 그렸으면 삶품말을 넣어 이야기를 쓰시오.

놀리지 말고

해숙 선생님은 이상해.
     손버릇 나쁜 민숙이한테 교실 열쇠를 맡기더라고.
마주 민숙이한테?
해숙 그래. 민숙이는 지난달에도 선생님 가방 손댔잖아.
마주 맞아. 완전 도둑에게 열쇠를 주는 격이야.
     또 선생님 가방 털면 어쩌려고.
교사 해숙아 마주야 안녕.
     무슨 이야기를 그리 소곤소곤 대?
해숙, 마주 아 아니예요.
교사 너희들 민숙이 얘기 하고 있었지?
해숙, 마주 네? 네에. 어떻게 아셨어요?
교사 (빙그레) 왜 모르겠어?
     그렇지만 민숙이가 정말 나쁜 아이는 아니야.
     너희들이 좀 더 이해해주면 좋겠다.
해숙, 마주 네? 네에에.
교사 민숙이랑 잘 놀아. 놀리지 말고. 알았지?
해숙, 마주 네에.

034

도둑을 맞으려면 개도 안 짖는다

일이 안 되거나 꼬이려면 믿을 것도,
도움 받을 데도 없게 된다는 말

속을물음

1. 개가 왜 안 짖지?
2.
3.
4.
5.

안 짖었대

마주   엄마, 어젯밤 시골 외할머니 집에 도둑이 들었대.
엄마   아니 외갓집에 복돌이가 있잖아.
      복돌이가 짖지도 않았대?
마주   외할머니께서 그러시는데 복돌이가 안 짖었대.
      "도둑을 맞으려니 개도 안 짖더라." 그러셨어.

도둑이 없으면 법도 쓸데없다

도둑질이 가장 나쁘다는 말. 곧, 법은 도둑 때문에 생겼다는 뜻

속을물음

1. 도둑은 뭐하는 사람이지?
2.
3.
4.
5.

✒ 풀이씨를 씨낱말로 짧은 글을 짓는 월 쌓기를 해보자. 뭐가 나오나?

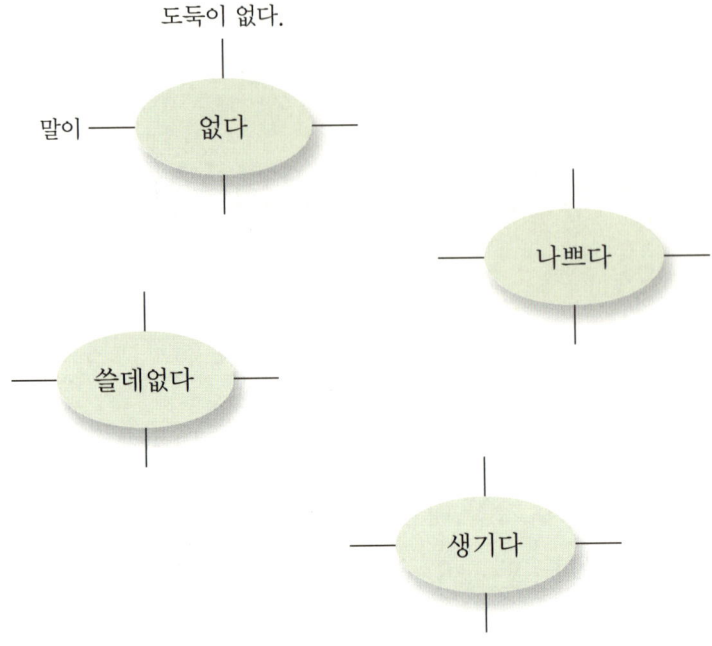

🌱 우듬지싹을 키우면 꼬리에 꼬리를 무는 생각씨 줄기말이 자라지.

☞ 우듬지싹을 살펴보고, '법' 때문에 생긴 빛깔과 모습과 자취가 드러나는 일을 아홉 난 그림담(만화)으로 그려 보시오.

아랫집 윗집 사이에
울타리는 있지만
기쁜 일 슬픈 일 모두
내 일처럼 여기고
서로서로 도와가며
한집처럼 지내자.
우리는 한겨레다
배달의 자손이다.

엄마가 착해

마주　엄마, 외할아버지는 법 없어도 살 사람이라고 동네 어른들이
　　　말씀하시던데 그게 무슨 말이에요?
엄마　아하! 그건 남을 해치거나 피해를 주지 않고 사는
　　　그런 사람을 말해.
마주　그렇다면 외할아버지가 착하다는 말이네.
엄마　그렇지. 원래 외할아버지는 파리 한 마리 못 잡는 분이셔.
마주　아, 그렇구나. 그래서 엄마가 착한가 보다.
엄마　하하하. 엄마가 착해? 고마워 마주야.

도둑이 제 발 저리다

 뜻풀이

허물(죄)을 지은 자가 그것이 드러날까 걱정이 되어 너무 두려워 한 나머지 도리어 자기도 알지 못하는 사이에 그 사실을 나타내게 된다는 뜻.

속을물음

1. 걱정되는 일이라도 있어?
2.
3.
4.
5.

죄송해요

철수 우리 가족 저금통에서 슬쩍 해야지. 만원이닷.
엄마 철수야, 저금통 좀 좀 갖다 줄래?
       오늘 은행 가는데 통장에다 돈을 넣어야겠어.
철수 여기 있어요.
엄마 어, 이상하다. 왜 이렇게 저금통이 가벼워졌지?
       어젯밤만 해도 묵직했던 거 같은데.
철수 엄마, 사 사실은요. 제가 만원을 빼냈어요.
엄마 만원을? 왜? 돈이 필요했어?
철수 네. 오늘 준호가 딱지 한 통을 샀는데요.
       나도 그걸 사고 싶었어요.
엄마 아,그랬구나. 우리 철수가 딱지치기 하고 싶었어?
       쯧쯧, 그럼 엄마한테 말을 했어야지.
       이렇게 저금통에서 돈을 빼내면 안되지. 도둑이 되고 싶어?
철수 죄송해요 엄마, 다음부터는 안그럴게요.
엄마 '도둑이 제발 저린다'더니 그래도 우리 철수가 사실대로 말해줘서
       고마워.

돌다리도 두드려 보고 건너라

어떤 일이나 행동을 할 때 앞뒤 터수(상황)를
꼼꼼히 살피고 생각하라는 뜻

솟을물음

1. 돌다리가 어떻게 생겼지?

2.

3.

4.

5.

✎ 풀이씨를 씨낱말로 짧은 글을 짓는 월 쌓기를 해보자.

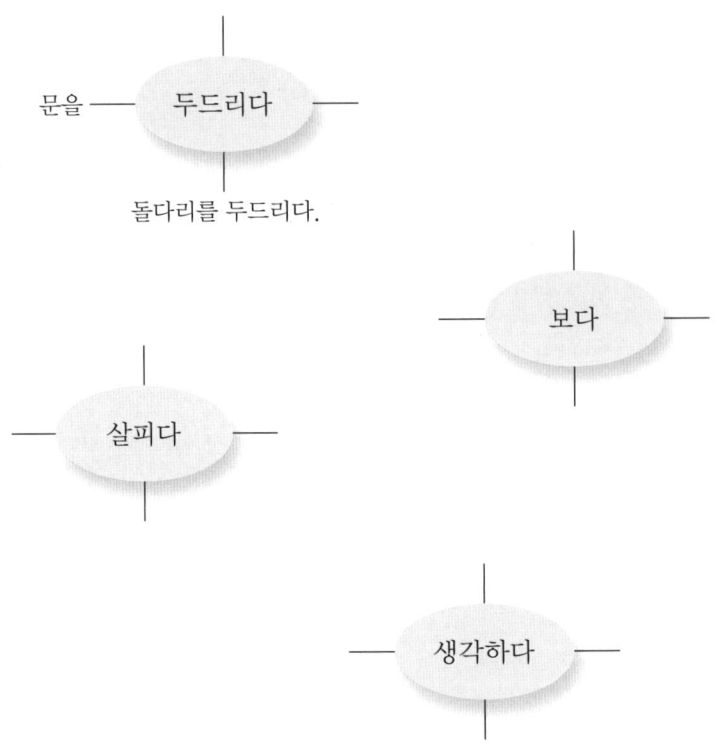

삶품말_37 마주이야기

가까이 해봐요

짝꿍이 나를 좋아한다고 느낄 때 섣불리 생각하고 '나도 널 좋아해.'라고 말해버리면 엉뚱한 일들이 벌어지지요.
먼저 정말 좋아 하는지 차분하게 더 지내봐야 하고요.
'돌다리도 두드려 보고 건너라는 말처럼 좀 더 가까이 해봐요. 짝꿍의 마음을 알아본 다음 말해도 늦지 않아요.

✒ '돌다리도 두드려 보고 건너라.'란 삶품말의 뜻이 담긴 아홉 난 그림담(만화)을 그려봅시다.

✎ 그림담의 풀이말에 이끌리는 어찌말을 찾아 짤은 월을 짓는 월 쌓기를 해보시오.

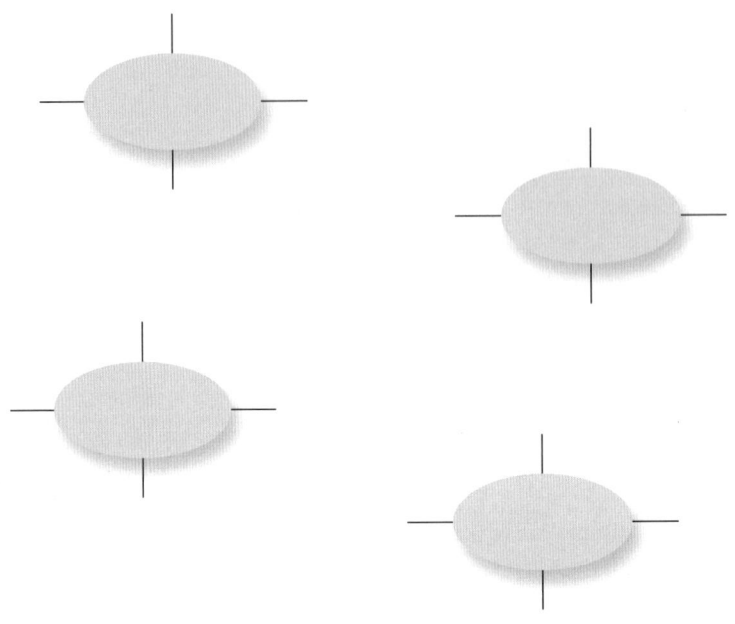

✎ '돌다리도 두드려 보고 건너라.'란 삶품말을 넣어 이야기를 쓰시오.

마이산 전설 듣고 자퍼

토박   아빠, 여그가 시방 진안 마이산이디여?

아빠   잉. 그려. 여그가 마이산이고만. 말 귀때기 두 개가 서 있는 거 같다야? 배부른 여자랑 남자랑 서 있는 맹키 보이기도 허고 말여.

토박   응. 그렇고만. 아빠 마이산 전설 듣고 자퍼. 잉.

엄마   토박아, 그건 엄마가 해줄팅게 잘 들어봐 잉. 아주 옛날에 신선 부부가 사람 사는 누리가 궁금했댜. 그랑께 땅으로 내려와 자식도 낳고 살았드래야. 인자 하늘로 돌아갈 날이 되얏는디 한 가지 문제가 있얏댜. 하늘로 갈 때 꺼정 사람을 보면 안되는 것이여. 잉. 사람이 보면 돌이 되뿐진댜.

토박   엄마, 그먼 사람을 안보먼 되잖여.

엄마   긍께 들어보랑게. 아, 새벽같이 남편이 아내를 깨웠댜. 아내가 피곤혀서 쪼개 있다 가자는디 남편이 서둘렀드래여. 할수없이 아내도 일나서 자석 가슴에 끼고 승천봉으로 가는디 아, 약초 캐러 온 아자씨가 있는 겨.

아자씨가 갈 때 꺼정 바위 뒤에 숨어 있다가 다시 가는 겨. 그때였디야. 이번에는 물동이를 인 아줌마가 오는 거여. 그랑께 또 세 가족이 후다닥 숨었디여. 그 아줌마가 가고 낭께 신선네 가족은 얼릉얼릉 승천봉으로 올라 갔드랴. 막 하늘로 올라 가는디 그만 "으악" 소리가 들리더랑게. 그 바람에 신선네는 하늘로 못 올라갔당게. 승천봉에 오색무지개 빛을 본 그 아줌마가 지른 소래였드랴. 빨리 가자 서두른 남편 신선이 휙 돌아섰댜. 그 바람에 둘 다 몸이 굳어 버렸드랑게. 아내는 암봉우리가 되고 남편은 숫봉우리가 되어서 지금의 암마이산과 숫마이산이 된 거랴. 암마이산이 두리넓적 한 것은 품에 안었던 애기랑 함께 굳어서 그리 된 거랴.

토박   아이구, 뭐여 엄마. 긍께 참 슬픈 이야기네잉. 남편이 아내를 그렇게 빨리 깨웠디여. 에구에구 참 안됐고만. 그랑께 물동이 아줌마가 다 내려간 뒤 하늘로 갔어야지. '돌다리도 두드려 보고 건너랬는디' 좀 불쌍혀.

아빠   토박아, 우리도 조심허자. 우리도 누가 아냐? 바위로 굳을지.

가족들   하하하 하하하.

등잔 밑이 어둡다

 등잔 밑이 어두운 것처럼 오히려 아주 가까운 곳에서 생긴 일을 더 먼 곳에서 벌어진 일 보다 잘 모른다는 뜻

속을물음

1. 등긴이 뭐지?

2.

3.

4.

5.

정말 고마워

토박   마주야. 오늘 우리 집 안 갈래?
마주   왜에? 무슨 일 있어?
토박   그냥 따라와 보면 알아.
마주   그래도 알려주라 응?
토박   그냥 우리 집 가면 안 될까? 가보면 안다니까.
마주   그래? 알았어. 그럼 가자.

(토박이네 집)
토박   마주야, 너 여기에서 조금만 기다려.
마주   응 알았어. 책 보고 있을 게.
엄마   아휴 우리 마주가 왔구나. 잘 왔다.
토박   짜잔! 마주야 이제 뒤 돌아 봐.
마주   아니? 토박이 너 뭐야?
토박   히히. 이거 우리 엄마가 사준 별안경이야.
마주   근데 왜 그걸 쓰냐고? 지금 집안이잖아.
토박   그럴만한 까닭이 있어. 그건 우리 엄마가 말해 줄 거야.
엄마   하하, 마주야. 놀래지 말고 들어 봐. 토박이가 마주를 무척 좋아한대. 근데 그 말을 직접 못하겠대. 그래서 오늘 내가 돕기로 한 거야.
마주   아줌마……
토박   마주야, 너 진짜 등잔 밑이 너무 어두운 거 아니야?
엄마   그래 마주야. 우리 토박이 좀 이쁘게 봐 주라. 응?
마주   하하하 아줌마 알았어요. 토박아, 걱정 마.
      나도 너를 좋아하니까.
토박   정말? 아휴, 이제 별안경 벗어야겠네.
      히히. 마주야 정말 고마워.

039

떡 줄 사람은 생각도 않는데 김칫국부터 마신다

해줄 사람은 생각지도 않는데 일이 다 된 것처럼 여기고 미리부터 바란다는 뜻

솟을물음

1. 네가 좋아하는 떡은?

2.

3.

4.

5.

✒ 풀이씨를 씨낱말로 짧은 글을 짓는 월 쌓기를 해보자.

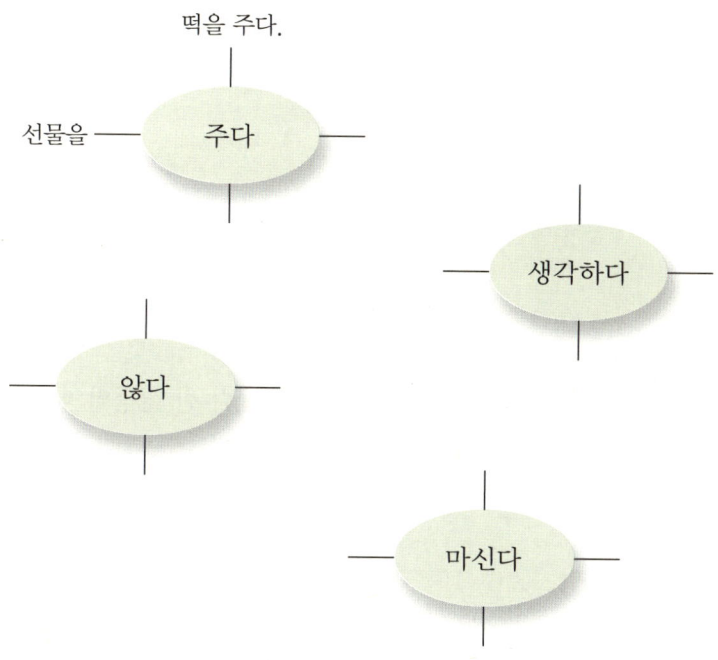

삶품말_39 마주이야기

만화가 다됐구나

6학년 때 계발활동으로 그림담(만화)부를 할 때 그렸던 작품이다. 학교 신문의 '맘대글판(낙서장)'에 실렸던 작품이다.
제법 잘 그렸다.
지맘대로 그린 그림인데 지맘에 든다고 "너, 만화가 다됐구나!" 이런다. '떡줄 놈은 생각도 않는데 김칫국부터 마신다'라는 삶품말이 생각난다.

✒ 풀이말에 이끌리는 어찌자리토를 찾아 짧은 월을 짓는 월 쌓기를 해보자.

✒ '떡 줄 사람은 생각도 않는데 김칫국부터 마신다.'란 삶품말의 뜻이 담긴 일을 아홉 난 그림담(만화)으로 그려봅시다.

✏️ 그림담을 그렸으면 삶품말을 넣은 글월(편지)을 써 보시오.

무척 좋아하나 봐

토박   마주야, 너 나 좋다고 했잖아.
마주   응.
토박   내가 방구를 뀌어도?
마주   야, 방구 안 뀌는 사람 있냐?
토박   그래도 여자애들은 막 놀린단 말이야.
마주   내가 안 놀리면 되잖아.
토박   고마워. 근데 내 동무 온달이가 네 동무 평강이를 무척
       좋아하나 봐.
마주   그래서?
토박   말을 못하고 혼자 고민하니까 우리가 말해주면 어떨까?
마주   야, 그런 말은 하지도 마.
       떡줄 사람은 생각도 않는데 김칫국부터 마신다는 말은 이럴 때
       두고 하는 말이다. 평강이는 온달이한테 관심 없어.
토박   그래? 그래도 우리가 옆에서 거들어주자.
마주   토박이 너는 오지랖이 넘 넓어. 우리나 잘 지내자고.
       괜히 남의 사이에 끼어들어 망치지 말고.
토박   하긴 맞는 말이다. 그래도 온달이가 마음에 걸린다.
       사실은 우리만 잘 지내려니까 신경이 쓰여서.
마주   그래도 어떡하냐? 본인들이 딴 생각하는데.
       그냥 신경 끄자.

똥 묻은 개가 겨 묻은 개 나무란다

자신의 처지도 모르고 남을 핀잔줄 때를 두고 하는 말

속을물음

1. 어떤 개? _____
2. _____
3. _____
4. _____
5. _____

그런 게 아니거든

토박   마주야. 마음 좀 풀어라 잉?
마주   싫어. 너 나한테 어떻게 그럴 수가 있어 엉?
토박   아이 미안하다니까. 미안해.
마주   그래도 화 안 풀 거야.
토박   내가 잘못했어. 미안해.
마주   너도 뭐 얼마나 공부 잘하냐? 나한테 80점 맞았다고 놀려?
       너 정말 화나. 짜증 나.
토박   아휴 잘 못했어. 마주야 마음 풀어.
마주   똥 묻은 개가 겨 묻은 개 나무란다더니 니가 오늘 딱 그 짝이야.
       토박이 너도 85점이거든. 나보다 한 문제 더 맞았잖아.
       그래놓고 큰소리는. 누구 나무랄 그런 게 아니거든.
토박   아휴 알았다니까. (속으로) 마주 성깔 되게 무섭네.
마주   다시는 안 놀릴 거지?
토박   그래그래. 알았어.

비슷한 삶품말 죽보기

▷ 가랑잎이 솔잎더러 바스락거린다고 한다.
▷ 뒷간 기둥이 물방앗간 기둥을 더럽다 한다.
▷ 똥 묻은 접시가 재 묻은 접시를 흉본다.
▷ 똥 묻은 돼지가 겨 묻은 돼지 흉본다.
▷ 제 눈의 대들보는 보지 못하는 것들이 남의 눈에 티끌을 탓한다.

말로 온 동네를 다 겪는다

 말로만 남을 대접하는 체한다는 말

속을물음

1. 어떤 동네지?
2.
3.
4.
5.

✒️ 풀이씨를 씨낱말로 짧은 글을 짓는 월 쌓기를 해보자. 뭐가 나오나?

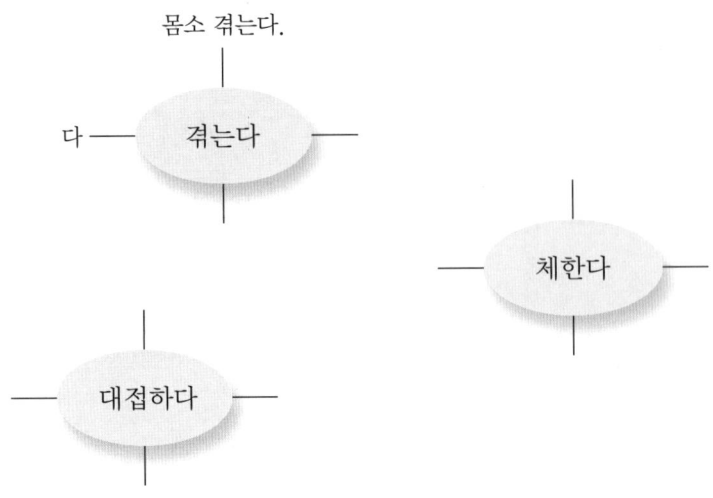

삶품말_41 마주이야기

수다도 떨고

햐~ 밝은 내닫문(창문) 넘어 앵두나무 짹짹조잘조잘~ 🎵
아침부터 할 말 많은 동네 새님들은 아주 신이 난 듯 한데...
섶마을 아줌마- 넘넘 짱짱했던 주말날씨에,
친구들 만나서 말로 온 동네를 다 겪는 잇달이(시리즈) 수다도 떨고-
뭔가 풀릴 것 같다. 좋다 좋아.

✒ 풀이말에 이끌리는 어찌말을 찾아 짧은 월을 짓는 월 쌓기를 해보자.

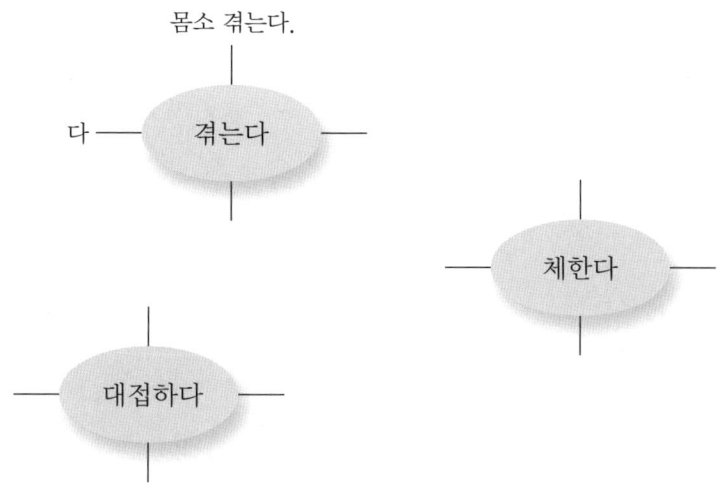

➪ '말로 온 동네를 다 겪는다.'라는 삶품말의 뜻을 드러내는 차례 그림을 그리시오.

✒ 차례 그림을 그렸으면 알림본을 만들어 보시오.

* 알림본에는 알짬 알림글귀와 으뜸 알림그림과 맘들임(설득) 풀이글이 있다.

딱 한번 그랬다니까

마주 엄마 엄마, 우리 반 지훈이는 아무한테나 형 형 한다.
엄마 같은 또래한테도?
마주 응. 그러면 애들은 또 응응 그래.
   지훈이를 놀리는 거지. 그거뿐이 아니야.
   지훈이는 가끔 바지에다 오줌을 싸기도 해.
엄마 그래? 어디가 아픈가?
마주 몰라. 그러면 애들이 지훈이를 엄청 놀려.
   그래도 지훈이는 바보같이 씨익 웃기만 해.
엄마 ……
마주 엄마, 또 지훈이가 어떤 줄 알아?
   점심시간만 되면 애들 밥 다 타다 줘.
엄마 뭐라고? 애들이 자기 밥 안 갖다 먹어?
마주 말도 마. 가만히 앉아서 "야, 지훈 내 밥 가져와."
   이러면 지훈이가 얼른 갖다 준다.
엄마 마주 너도 그래?
마주 나도 한 번 그런 적 있어.
엄마 뭐라고? 너 다른 사람 말 할 필요 없다.
   너부터 안 그래야지.
마주 딱 한번 그랬다니까. 알았어요.

말 안 하면 귀신도 모른다

누구나 마음속으로만 애태울 것이 아니라 말을 하여야 한다는 뜻으로 말을 함으로써 이로운 점이 있다는 뜻

속을물음

1. 왜 말 안 해?
2.
3.
4.
5.

다 들어줄게

토박　야, 마주야, 오늘 나 학교에서 기분 엄청 좋은 일 있었다.
마주　……
엄마　무슨 일인데?
토박　엄마, 저요. 선생님이 나보고 일기 진짜 잘 썼다고 칭찬해
　　　주셨어. 이제 나 스티커 아흔여덟 장이다.
　　　앗싸아! 두 장만 더 있으면 백장.
　　　그러면 나 보리국어사전 받는다.
마주　……
토박　마주야, 너 오늘 무슨 기분 안 좋은 일 있었냐?
마주　……
토박　마주야, 왜 그래? 너 오늘 따라 암말도 안한다.
마주　아휴 짜증 나. 말 시키지 말라고.
토박　에이, 뭐야. 말해 봐. 이 오빠가 다 들어줄게.
마주　오빠 그러는 게 더 짜증나거든.
　　　나를 좀 가만 내버려두란 말이야.
토박　알았어. 알았어. 야, 그래도 말을 해야 알지.
　　　'말 안하면 귀신도 모른다'는 말 몰라?
　　　마주야, 화 풀리면 말해줘. 이 오빠가 다 들어줄게.
마주　오빠만 스티커 많잖아.
토박　아하! 그래서 우리 마주가 짜증냈구나. 하하하.

043

말이 고마우면 비지 사러 갔다 두부 사 온다

말하는 상대방의 태도가 마음에 들고 뜻이 고마우면 제가 생각했던 것보다 훨씬 잘 대접해 준다는 말

속을물음

1. 비지가 뭐지?

2.

3.

4.

5.

✏️ 풀이씨를 씨낱말로 부림자리토 '을/를'을 넣어 짧은 글을 짓는 월 쌓기를 해보자.

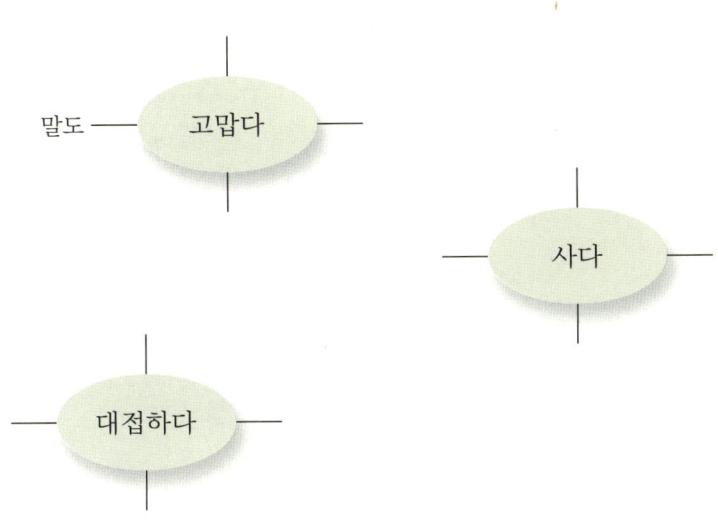

삶품말_43 마주이야기

너도 걱정되지

"네 부모가 나쁘지. 그러니 너 같은 놈이 나오지." 하면
성깔이 나서 "그래서 선생님은요 ……"라고 대든다.
"부모님이 걱정하시겠다. 너도 걱정되지?" 하면
마음을 간추리고 "네, 저는요 ……"라고 속마음을 털어놓는다.

물음월 씨끝바꿈이 있는 짧은 월을 짓는 월 쌓기를 해보자.

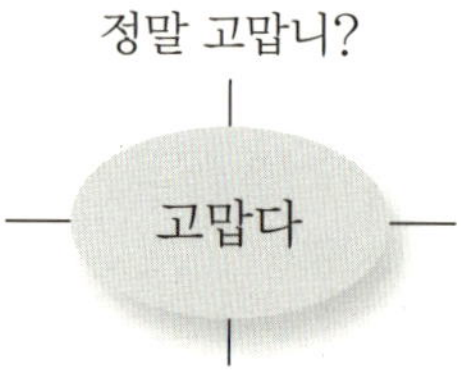

'비지와 두부'를 씨낱말로 우듬지싹을 키워보자. 뭐가 보이나?

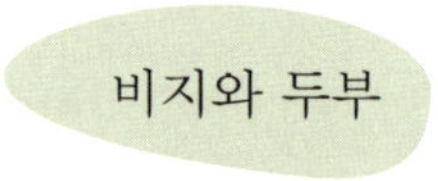

우듬지싹을 키웠으면 입말이야기(마주이야기)를 써보시오.

철이 담뿍 들었네

마주	할아버지, 왜 한가위인데 서울 사촌언니 오빠들은 안와요?
할아버지	우리 마주가 심심한가 보구나.
마주	함께 송편 만들려고 기대하고 왔단 말이예요.
할머니	마주야, 어쩌누. 정은, 정수 오빠는 이번에 못 온단다.
마주	왜요?
할머니	시험이 있어서 시험공부 해야 한다더라. 그래서 이제 명절에도 시골에 못 온다는구나.
마주	에이, 심심한데. 아무리 그래도 그렇지. 나도 시험 보는데 왔고만. 시험도 종요롭지만 할머니 할아버지 찾아뵙고 인사드리는 것은 더 종요로운데. 좀 그렇다.
할머니	하하하, 우리 마주가 철이 담뿍 들었네.
할아버지	'말이 고마우면 비지 사러 갔다 두부 사 온다.'는데 우리 마주 말이 고마워서 정은이 정수까지 줄라고 준비해 놓은 용돈 우리 마주 다 줘야겠다. 마주야, 용돈 받아라.
마주	고맙습니다. 할머니 할아버지.
할머니	쯧쯧, 우리 마주 기특도 하지. 그 대신 이 할미가 맛있는 거 많이 만들어줄게. 재밌게 놀다 가라.
할아버지	허허허 허허허.

044

망건 쓰다 장 파한다

 장에 가려고 망건을 쓰고 나서니까 장이 끝났다는 말. 어떤 일을 하는데 앞마련(준비)이 너무 길어 그만 때를 놓쳤다는 뜻

속을물음

1. 망건 봤니?

2.

3.

4.

5.

나중에 하면 안돼요?

토박 아 심심해. 뭐 재밌는 일이 없을까?
      그렇지. 그거 하면 되겠다. 엄마 손전화 게임.
      피융, 삐삐삐. 피융.
엄마 토박아, 오늘 엄마랑 공부하기로 했지?
토박 아이, 나중에 하면 안돼요?
엄마 나중에 언제? 지금 나와. 엄마도 바쁘다.
토박 '아 안되는데. 나 게임 열아홉 가지 놀이 해야 하는데.
      엄마는 왜 하필 이때 나오라 하는 거야.'
엄마 토박아, 왜 안 나와? 방에서 뭐해?
토박 잠만요.(잠깐만요.)
      히히히. 재밌다. 손전화 게임. 피융. 삐삐삐
엄마 아니. 이 녀석이 왜 이리 안 나와?
토박 히히히. 삐이익 삑삑 피유웅.
엄마 토박아, 너 기다리다 엄마 나갈 시간 됐잖아.
      이제 너 혼자 공부해.
토박 '힉. 큰일 났네. 나 그 문제 모르는데.'
      엄마, 잘못했어요. 나 그 문제 몰라서 그러는데 엄마가 좀 가르쳐
      주면 안돼요?
엄마 하하, 녀석도. 망건 쓰다 장 파한 격이네.
      손전화 게임하다 해야 하는 공부를 못하다니. 으이구, 토박이 너.
      나도 모른다. 엄마 올 때까지 공부 해 놔. 알았지?
토박 '그 문제 못 풀어 가면 선생님한테 혼나는데 큰일 났다.'
      엄마, 다시는 안 그럴 테니 이번만 꼭 알려주시면 안돼요?
엄마 정말이지? 알았다 알았어.

맞은 놈은 펴고 자고
때린 놈은 오그리고 잔다

남을 괴롭힌 사람은 뒷일이 걱정되어 마음이 불안하나, 해를 입은 사람은 마음만은 편하다는 말

속을물음

1. 놈이 뭐지?

2.

3.

4.

5.

✒ 풀이씨를 씨낱말로 짧은 글을 짓는 월 쌓기를 해보자.

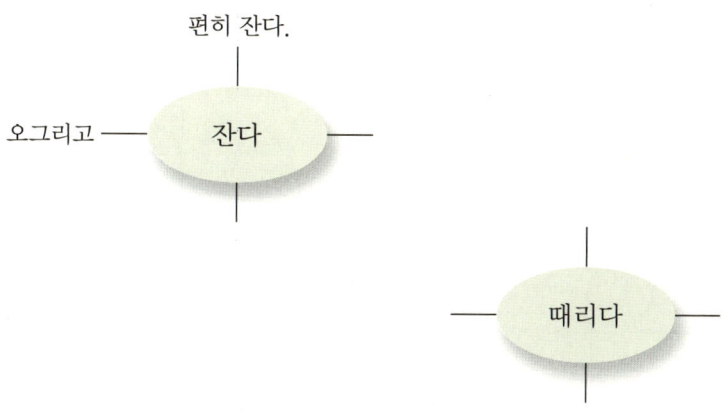

🌱 '펴다와 오그리다'를 씨낱말로 견주기 우듬지싹을 키워보자.

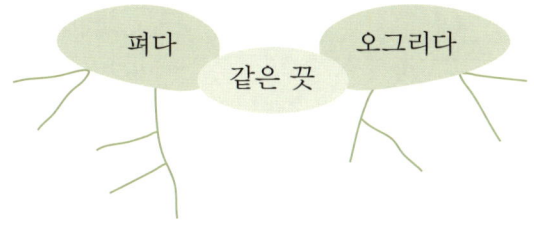

✒ '펴다와 오그리다'와 아랑곳한 기별본을 마련해 붙여봅시다.
(A4 종이 한쪽에 맘대 기별본(자유 신문)을 만들어 붙인다.)

| 기별본 앞쪽 | 날짜 | 한글 기별본 | 만든 이 | 풀붙임 쪽 (1쪽을 붙일 수도 있다.) |

1쪽   2-3쪽   4쪽

〈기별본 얼개 (4쪽)〉

마음을 곱게 써라 잉

마주 엄마, 우리 반에서 남자애들이 여자애 한 명을 따돌림 시킨다. 그게 누군지 알아?
엄마 마주 니네 반에서? 혹시 너 왕따 당하냐?
마주 엄마는… 내가 어디로 봐서 그런 일을 당할 거 같아? 나는 아니고 암튼 우리 반 남자애들이 여자애 한명을 왕따 시킨다니까.
엄마 음. 마주인가 보다.
마주 아니라니까.
엄마 마주야, 정말 너 따돌림 당하는 거 맞어? 지난 번 지훈이도 마주 널 괴롭혔잖아.
마주 나는 아니라고. 남자애들 사이에서 여자 애 한 명 왕따 시키는데 그 여자애가 누구냐고.
엄마 음, 혹시 강민정?
마주 엄마가 그걸 어떻게 알았어?
엄마 정말이야? 엄마는 그냥 너랑 친한 동무라서 말한 건데. 민정이가 공부 못하잖아.
마주 어, 맞어. 그리고 무슨 말 물어보면 말을 잘 못하잖어.
엄마 바보여서 그런 게 아니라 수줍어서 그러겠지.
마주 아니야.
엄마 마주야, 혹시 너도 민정이 왕따 시키냐?
마주 음 가끔. 친할 때도 있는데 어떤 때는 바보 같아서.
엄마 우리 속담에 '맞은 놈은 펴고 자고 때린 놈은 오그리고 잔다.'는 말이 있어. 네가 지금 민정이 그렇게 따돌림 한다고 마음이 편하냐?
마주 아니, 어떤 때는 미안하지.
엄마 봐봐. 그러니까 마음을 곱게 써라 잉.
마주 칫, 엄마는 나한테만 그래. 다른 애들은 더하는데. 나는 그래도 가끔 민정이 편도 들어준단 말이야. 애들이 괴롭히면 못하게도 하고.
엄마 아휴 그랬어? 우리 딸! 그래야지.

046

가는 모기 보고 칼 뺀다

보잘 것 없는 작은 일에 지나치게 큰 미립(방안)을 세움. 또는 조그마한 일에 성을 내는 속종이 좁은 사람에 빗대어 하는 말

속을물음

1. 모기에 물리면?
2.
3.
4.
5.

마주이야기를 읽어 봐

마주 깔깔깔깔. 히히히.
엄마 왜 그렇게 웃어?
마주 아이고 배야. 하하하. 오늘 진짜 웃기는 거 봤어.
      집에 오는데 '모기 보고 칼 빼는' 애 봤다니까.
엄마 모기보고 칼을 빼?
마주 우리 동네 오다보면 징검다리 있잖아.
      거기 건너는데 삼학년 승철이 있지? 걔가 자꾸 팔을 휘두르고 서 있는 거야. 뭐하는 가 봤더니 장난감으로 나온 비파형 동검 있거든. 약 이십 센티 되는 작고 귀여운 칼이야. 그걸 갖고 모기들을 해치우겠다며 칼을 휘두르고 있는 거야.
엄마 하하하, 승철이는 자기가 장군이 된 기분이었겠다.
마주 걔는 만화책을 하두 많이 봐서 교실에서도 맨날 그런 행동만 해.
      휘이익 쓩쓩 파압 이러면서 혼잣말을 하고 다녀.
      "여봐라. 이 장군 나가신다. 이이얍" 이러면서 팔에 힘주고 주먹을 마구 휘두르기도 해.
엄마 하하하하.
마주 지난번에는 승철이 주먹에 토박이가 맞아갖고 코피 났잖아.
엄마 맞어. 그런 적 있구나.
마주 승철이는 혼자 놀아 엄마. 애들하고 안 어울리고 맨날 뭔가를 하나씩 가져와서 그거 갖고 논다니까.
엄마 애들이 안 놀아 줘?
마주 아니 놀려고 해도 승철이가 말을 안해.
엄마 쯧쯧, 승철이가 혼자 컸나 보다.
마주 암튼 모기를 베겠다고 칼 휘두르는 승철이는 가관이었어.
      웃겨 죽는 줄 알았네.

047

모난 돌이 정 맞는다

말과 행동에 모가 나면 미움을 받는다는 뜻

속을물음

1. 모난 돌이 어떻게 생겼지?
2.
3.
4.
5.

✒ 풀이씨를 씨낱말로 짧은 글을 짓는 월 쌓기를 해보자.

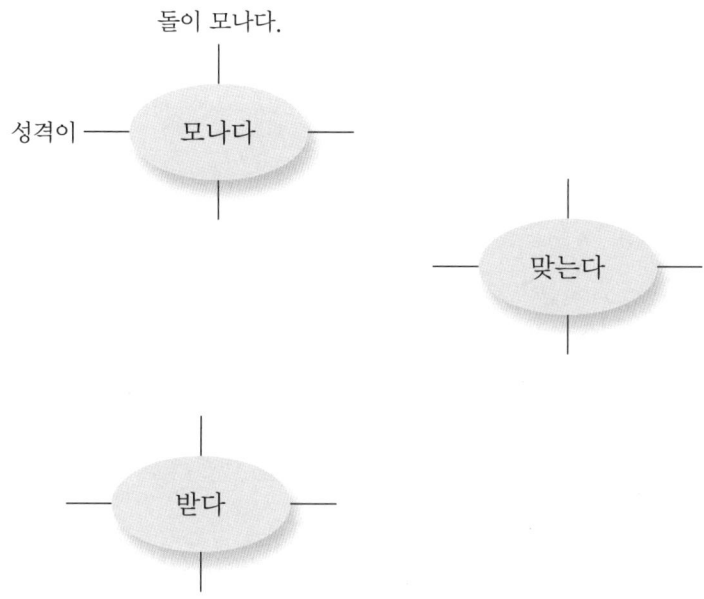

삶품말_47 마주이야기

할 말은 해야지

어머니 애야, 모난 돌이 정 맞는다. 달걀로 바위치기다.
아들   그래도 할 말은 해야지.

✍ 물음월 씨끝바꿈이 있는 짧은 월을 짓는 월 쌓기를 해보자.

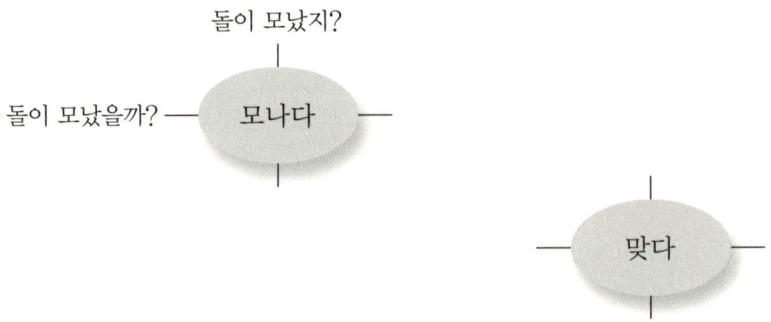

🌱 '돌'을 씨낱말로 우듬지싹을 키워보자. 뭐가 보이나?

⇨ 우듬지싹을 키웠으면 십자말풀이를 만들어 보시오.

벼름소

⇨ 가로 길잡이

1.

3.

5.

7.

♡ 세로 길잡이

2.

4.

6.

8.

큰 길로 가겠다

승철   집에 가려는데 저 앞에 아이들이 있다. 아이들이 날 보면 나머지라고 할까 봐 아무도 없는 좁은 길로 갔다. 왜 요런 좁은 길로 가야 하나. 언제까지 이렇게 가야 하노. 난 이제부터 큰 길로 가겠다.
효준   승철아, 무슨 노래를 그렇게 불러?
승철   울진의 한 초등학생이 쓴 시에 백창우 선생님이 곡을 붙인 노래야. 백창우 선생님 알지? 지난 번 시청강당에서 공연하셨던 분. 그때 이 노래도 불러주셨잖아.
효준   응. 맞다.
승철   효준아, 나는 이 노래가 좋아. 우리 지역아동센터 애들 다 좋아할 걸.
효준   니네 마음이겠지.
승철   응 맞아. 우리 마음이야.
효준   야, 그래도 너무 나머지를 좋아하진 마. 나머지가 안돼야지.
승철   그건 맞는 말이긴 하지.
정수   쏭 쏭 쏭 나머지다. 나머지다.
효준   야, 정수야, 그러지 마. 승철이 마음도 알아줘야지.
정수   무슨 …… 효준이 너 착한 척 할 때마다 밥맛이야.
효준   정수야. 너 계속 그럴래?
정수   공부 못해서 나머지라고 하는데 뭐가 그렇게 잘못됐어? 맨날 학교에서 남잖아. 나머지 공부하는 애들.
효준   정수 너 너무한다.
정수   별로.
승철   퍽(주먹으로 정수 가슴을 친다)
정수   승철이 너!
효준   승철아, 봐봐. 내가 너 그만하랬지? 니가 너무 심했어.
정수   ……

모르면 약 아는 게 병

 뜻풀이

차라리 아무것도 모르고 있으면 마음이 편하여
좋은데, 좀 알고 있으면 도리어 걱정거리가 생겨
편치 않다는 말

속을물음

1. 약이 왜 나오지?

2.

3.

4.

5.

잘 아는 게 병이야

가장 두려운 것은 내 맘을 이기지 못하는 것이고
가장 무서운 것은 내 맘을 속이는 것이며
가장 아쉬운 것은 내 맘을 잊어버리는 것이며
가장 서글픈 것은 내 맘을 느끼지 못하는 것이다.
가장 아픈 것은 내 맘을 멈추지 못하는 거야!

목구멍이 포도청

먹고살기 위하여, 해서는 안 될 짓까지
하지 않을 수 없음을 이르는 말

속울음

1. 포도청은 뭐하는 곳이지?
2.
3.
4.
5.

✒️ 삶품말을 벼름소로 작은 갈책을 옆 넘김으로 만들어 붙여봅시다.

갈책(워크북)은 그 자체가 글감이 된다. 글감가리를 어떻게 쌓아 책을 엮어내는지 알아보면 다음과 같다.
먼저 A4나 B5 종이를 4쪽으로 접어 배움종이를 마련한다.
첫째로 갈배움 앞에 앞엣거리로 짤막한 아시글을 쓴다.
둘째로 갈배움 차례를 얼개로 그림과 잎쪽글이 들어가는 갈책을 만든다.
셋째로 갈배움 뒤에 생각이나 느낌이 들어가는 새물을 마련한다.
넷째로 갈책 만들기 차례를 따라 '갈책 이야기'를 쓴다.

갈책 얼개	옆 넘김 배움종이 4쪽			
책얼굴 1쪽	알음알이			책 뒤쪽(1쪽)
	앞엣거리	알음알이·새물내기		
책이름 지은이 그림	날짜:(우듬지싹) 벼름소 우듬지싹 물어보기: (겪은 글)	아홉 난 차례그림	풀 붙 임 난	몸소 가늠이나 배움 글놀
앞 겉쪽(1)	안쪽(2)	안쪽(3)		뒤 겉쪽(4)

목구멍이 포도청이라

엄마   승철아, 엄마 일 다녀올게. 아빠가 아프시다는 데 엄마가 먼저 나가야 돼서…… 이따가 아빠 좀 챙겨드려라.
승철   네. 엄마 잘 다녀오세요. '아빠가 어디가 아프신 걸까?'
승철   아빠, 어디가 아프세요?
아빠   엉. 몹시 춥고 온 몸이 쑤시고 아프구나.
승철   아빠, 내가 주물러 드릴게요.
아빠   아이구 오냐. 고맙다. 끙끙.
승철   아빠, 죽 끓여 드릴까요?
아빠   그래. 배도 고프구나.
승철   오늘 일하러 가셔야 돼요? 쉬셔야 하는데.
아빠   아이구, 글쎄다. 몸이 영 안 좋네. 우리 승철이가 최고다. 그래도 이렇게 승철이가 주물러 주니 좀 낫네. 끙 끙 끙.
승철   (속으로) 난 아빠가 아픈 게 더 좋다. 아빠가 집에 있으니 학교도 가기 싫네.
아빠   승철아, 너도 어서 준비하고 밥 먹어. 학교 갈 시간 다 된 거 아니야?
승철   아 아니에요. 아빠, 조금 더 주물러 드릴게요.
아빠   아빠도 일어나야겠다. 오늘 또 일하러 가야 되니까.
승철   아빠, 오늘 쉬시면 안돼요?
아빠   그랬으면 좋겠는데 '목구멍이 포도청'이라고 쉬면 우리가 어떻게 살겠냐? 하루하루 벌어서 먹고사는디. 우리 승철이가 주물러 줘서 괜찮아졌어.
승철   아빠!
아빠   괜찮아. 몸살기운이야. 좀 쉬었으니 나가봐야지.
승철   아빠, 힘내세요.
아빠   오냐. 우리 아들 응원에 힘이 나는 걸.
승철   네. 저도 학교 다녀오겠습니다.
아빠   그러자. 우리 힘내서 살자꾸나. 아빠도 다녀오마.
승철   네 아빠.

물에 빠진 놈 건져 놓으니
보따리 내놓으라 한다

남에게 은혜를 입고서도 그 고마움을 모르고
생트집을 잡음

속을물음

1. 보따리가 뭐하는 것이지?

2.

3.

4.

5.

내 꿈 사라

경민   정현아 정현아, 일어나. 너 꿈꾸냐? 일어나 봐.
정현   으 으 음. (헤롱 헤롱)
경민   정현, 일어나래두.
정현   음 알았어. 근데 경민아, 나 이상한 꿈 꿨다.
경민   무슨 꿈인데 그래? 무슨 꿈인데 이렇게 아침부터?
정현   아! 그게 내가……아, 돼, 돼지꿈 꿨어.
경민   정말이야? 돼지꿈 꿨어?
정현   보통 좋은 꿈이 아니야. 진짜 좋은 꿈이야.
경민   너 길거리에서 이천 원이나 삼천 원 정도는 줍겠다. 그치만 어느 정도 효험이 있는 돼지꿈이어야 말이지.
정현   너 내 꿈 좀 살래?
경민   그래 팔아.
정현   좋아 좋아. 경민아, 좋은 꿈은 아니니까. 음 그게 아 값이……
        에이, 그냥 공짜다. 사고 나서 다시 가져가라고 둘러댈 거 없기다.
경민   그래 그래. 무슨 꿈인데 그래?
정현   음, 돼지꿈.
경민   그래, 돼지가 나타나서 무슨 짓을 했는데 그러니?
        돼지는 돼지꿈이어도, 효험이 있어야지. 어서 말해 봐.
정현   음 그게… 안돼. 니가 들으면 섭섭해 할 거 같아서 말야.
경민   으~응. 이~잉. 어서 말해 보랑께.
정현   내가 돼지저금통에서 돈을 빼가지고 상상플러스에서 맛있는 떡볶이 사 먹었다.
경민   뭐시라고? 어흑, 돼지는 들어가는 꿈이니 뭐라고 할 수도 없고.
        아 내가 그 꿈을 사서 뭐, 뭐 뭣에 쓰냐! 너 나한테 천원 줘. 내가 여지껏 들어준 값 말이야.
정현   이런, 재밌게 들었으면 됐지. 나보고 돈을 달라고?
        어휴 경민아. 어림없다. 그러니까 헛된 믿음을 갖지 마.
경민   히힝잉 정현이 나빠.

    가져온 곳-다음 카페 : 말꽃나라입말이야기 서정현 방 22번 경민아 내가 이상한 꿈을 꿨어.

051

믿는 도끼에 발등 찍힌다

 뜻풀이

잘되리라고 믿고 있던 일이 어긋나거나 믿고 있던 사람이 배반하여 오히려 해를 입음

속을물음

1. 돌도끼는 뭐하는 것이지?
2.
3.
4.
5.

✎ 풀이씨를 씨낱말로 짧은 글을 짓는 월 쌓기를 해보자. 뭐가 나오나?

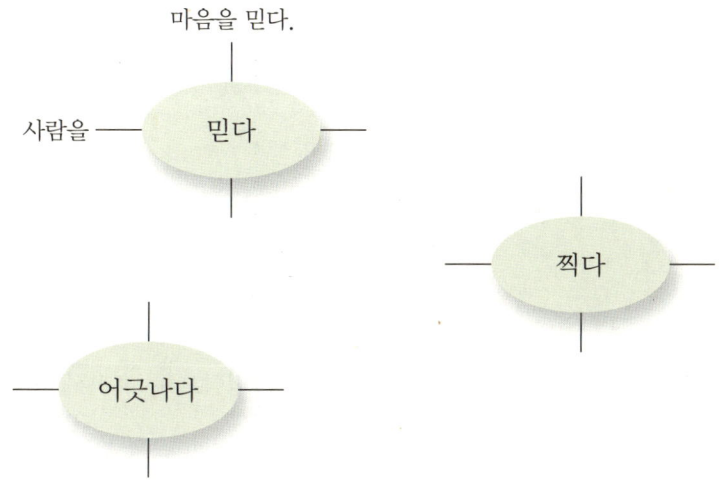

✎ 풀이말에 이끌리는 어찌말을 찾아 짧은 월을 짓는 월 쌓기를 해보자.

믿는 도끼에 발등 찍힌다더니.
이미 온갖 소문이 쫙 퍼져 있었습니다. 잘 알지도 못하면서 말하는 뜬소문이지만 남 말하기를 좋아하는 사람들의 맘보를 알 수 있었습니다.

🌱 우듬지싹을 키우면 꼬리에 꼬리를 무는 생각씨 줄기말이 자라지.

발등

➣ 발 때문에 일어날 수 있는 일을 아홉 난 그림담으로 그리시오.

이쁜이 너무해

오늘은 9월12일에 나갈 인라인 마라톤대회를 대비해 아파트 뒤쪽에서 연습을 하고 있을 때였어.
갑자기 어떤 차 밑에서 바스락 하고 소리가 나는 거야. 나는 화들짝 놀라 차 밑을 바라봤어. 차 밑에는 하얗고 이쁜 고양이 한 마리가 낙엽을 밟고 아름답게 서 있었어. 나는 순식간에 그 고양이에게 뿅 갔지 뭐야.
눈이 하트하트.
"고양이 공주님! 내가 멋진 거 보여줄 테니까 잘봐 봐."
인라인을 타고 슈웅. 슈웅~
그러나 다른 데에다 눈을 두고 멀뚱멀뚱 멍을 때리는 이쁜이.
"나 좀 보세요 이쁜아. 슈웅 슈우웅!"
그래도 여전히 멍을 때리는 이쁜 고양이 아가씨.
"나 좀 봐봐. 여기 좀 봐 달라구. 슈우웅."
그런데 여전히 그 이쁜이는 무시를 하네. 으흐흐흐흐흐흑 ㅠ―ㅠ
나는 아까보다 더 빠르고 자세를 더 잘 잡고 한 번 더 이쁜이 앞을 슈웅~~ 이쁜이는 한번 휙 쳐다보다가 고개를 휙 돌리네.
'너 참 도도하다. 아따, 그 눈 참 까다롭네……'
그렇게 열 번쯤 되풀이하여 이쁜이에게 백 점 만점 중 75점 정도를 따고 집에 왔다.
하지만 한 시간 뒤 이쁜이가 궁금하여 다시 갔어.
이쁜이는 그 자리에 그대로 있더라구.
'좋아, 이쁜아. 제발 나 좀 봐 줄래? 너를 위해 준비했어. 슈우웅."
"……"
내 애씀은 이쁜이의 어떤 눈길도 받지 못했어. 흐흐흑 슬퍼라.
이쁜아! 다음엔 이 언니를 알아봐 주라. 응? 제발 부탁이야.

가져온 곳-다음 카페 : 말꽃나라입말이야기 서정현 방 24번 도둑고양이에게 점수 따기.

052

바늘 도둑이 소 도둑 된다

작은 도둑질이라도 그것을 고치지 않으면 장차 큰 도둑이 된다는 뜻

속을물음

1. 바늘은 뭐하는데 쓰지?
2.
3.
4.
5.

자기 것이라고 우길지도 몰라

나는 가을이라 빨간 사과를 생각하며 빨간 사과를 먹고 싶은 생각에 이 철학책을 골랐어.
툭! 사과 한 알이 떨어졌거든. 사과는 탐스럽게 잘도 익었어. 한 사람이 사과를 먹었어. 마당에는 사과가 많이도 떨어져 있었지.
"여보세요, 그건 내 사과요." 사과나무 임자가 찾아와 소리를 질렀어.
"아니, 그게 무슨 소리요? 우리 집 마당에 떨어졌으니 그건 내 사과요." 서로가 소리를 질렀지요.
그 때 한 현자가 사람들 곁을 지나가게 되었거든.
"저분께 물어 봅시다."
"좋소."
사과나무 임자가 먼저 말을 꺼냈어.
"현자님, 저는 이 사과나무의 임자입니다. 그런데 이 사람이 자신의 마당에 떨어졌으니 자신의 거라고 우기며 사과를 먹으려고 합니다. 사과는 누구의 것인가요?"
"그냥 싸우지 말고 나누어 먹게나."
"싫어요."
현자는 잠시 생각에 잠기더니 "당신네들은 사과의 임자가 누구라고 생각하는가?" 하고 물었지.
"당연히 제가 임자지요."
"사과나무가 저희 집 마당에 있으니까요. 저는 봄, 여름, 가을, 겨울, 하루도 빠짐없이 나무의 잔가지들을 잘라 주고 잡초를 뽑아 준답니다. 이렇게 돌보니 사과가 이렇게 싱싱하게 열리므로 이 사과는 제 것이지요."
"음, 그럼 자네는 사과의 임자가 누구라고 생각하나?"
"저요. 사과가 제 마당에 떨어졌으니까요. 저는 항상 나뭇가지에서 떨어진 벌레며 새똥 따위를 치우느라 고생이랍니다. 그러므로 미안함의 뜻을 가져서라도 사과를 나에게 주어야지 예의지요."
"흠 그렇다면 그냥 나눠 가지게."
"싫은데."
"인간의 법을 따르지 않겠다는 말이군. 그렇다면 당신네들은 하늘의 뜻을 따르겠는가?"
"네."
현자는 잘 익은 사과, 벌레 먹은 사과를 나누어 놓았다.
"자. 다 됐네. 이제 난 가네."
"현자님, 어느 게 제 건지 말하여 주셔야지요. 현자님! 현자님!(x10)
현자는 뒤돌아보지 않았어.
"현자님은 왜 그냥 가셨겠소? 당신은 그걸 아시오?"
"내가 어떻게 알겠소?"
두 사람은 생각하고 생각했어. '정말 사과의 임자는 누굴까?' 현자는 왜 아무 말도 없이 가 버렸을까? 생각할게 참 많은 이야기지?. 무슨 뜻인지 좀 어렵기도 해. 이 이야기는, '하늘은 자연과 인간을 굽어 살피지만, 그렇다고 모든 게 공평하거나 모두에게 불공평한 게 아니다.'라는 뜻을 담고 있어.

다시 말해서 하늘은 아무런 뜻이 없다는 얘기야. 사과나무의 임자가 누구인지는 하늘이 알려 주는 게 아니란 거지. 하늘이 내려준 복을 공평하고 사이좋게 나눠 갖는 것은 오로지 인간의 몫인 것 같아.

사과가 마당에 떨어졌으니 자기 것이라고 우긴 아저씨 말이야. 내버려두면 나중엔 사과나무도 자기 것이라고 우길지도 몰라. 처음엔 바늘도둑이었는데 차츰 소도둑으로 달라지는 건 어려운 일이 아닌 것 같거든. 자꾸 하다 보면 쓸데없는 욕심이 커져서 사과나무도 사과도 자기 것이라고 우기면서 싸움만 하게 되겠지?

우우, 현자의 처방은 그래서 잘 한 거 같아.

가져온 곳-다음 카페 : 말꽃나라입말이야기 서정현 방 19번 사과 주인은 누구?를 읽고

053

바다는 메워도 사람의 욕심은 못 채운다

 뜻풀이

사람의 욕심이 그지없음을 이르는 말

속을물음

1. 밀이 뭐지?
2.
3.
4.
5.

✒️ 풀이씨를 씨낱말로 짧은 글을 짓는 월 쌓기를 해보자.

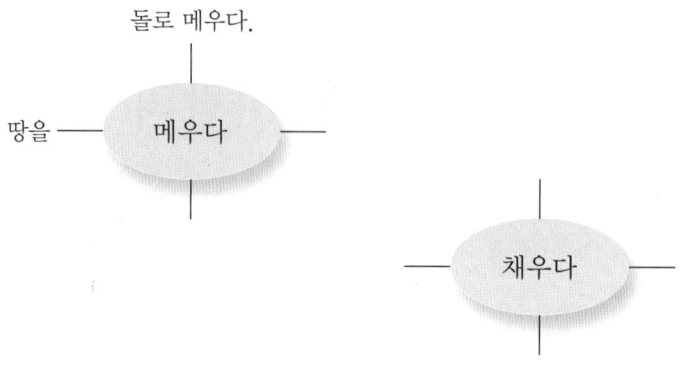

✍️ 물음월 씨끝바꿈이 있는 짧은 월을 짓는 월 쌓기를 해보자.

삶품말_53 마주이야기

공짜 게임기

이웃집 대학생 형이 쓰다 준 게임기를 손에 쥔 아이의 표정은 밝았다. 게임기를 받아 온지 한 닷새쯤 되었다. 게임기에 빠져 있던 아이가 투덜투덜 대는 것이 아닌가. "왜 CD를 두 개밖에 사지 않았느냐"며 게임기를 공짜로 준 형을 탓했다. CD가 두 장 밖에 없어서 더 이상 놀 것이 없단다.
'바다는 메워도 사람의 게염(욕심)은 못 채운다.'고 물에서 건져주니 보따리 달라고 하는 꼴이다.

(카페글)

✒ '바다는 메워도 사람의 욕심은 못 채운다.'라는 삶품말 뜻을 드러내는 판그림(장면)을 차례 그림으로 그리시오.

'농부에게 필요한 땅의 크기'를 읽고

엄마, 내가 읽은 책 이야기를 들려줄게 잘 들어 봐.
'농부에게 필요한 땅의 크기'라는 책이야.

나는 걸어가다 실수로 책장을 툭 치니까 이 책이 쿵 떨어져서 읽게 되었어. '농부에게 필요한 땅의 크기? 읽어 보자.'
가난한 농부가 산비탈 밭에서 일을 하고 있었거든. 다른 사람들은 다 큰 땅을 가지고 있는데 이게 뭐야. 손바닥만 하잖아. 농부는 다른 사람들의 큰 땅을 볼 때마다 한숨을 쉬었어. 어느 날, 꺄아아아아악! 갑자기 비명소리가 들리는 거야. '이게 뭔 소리지?'
풀밭에 어린 소년이 쓰러져 있었어. '저런, 뱀한테 물렸구나.'
농부는 얼른 달려가 소년을 치료해줬어.
"아저씨는 제 생명의 은인이십니다. 은혜를 갚고 싶군요."
"기특하구나. 그치만 보답 같은 건 필요 없단다."
"아닌데요. 저희 아빠는 우리나라 왕이십니다."
농부는 왕자를 따라 궁전으로 갔어. 으리으리한 건물과 시녀들. 농부는 꿈을 꾸는 것만 같았어.
"원하는 건 무엇이든 들어주겠노라. 뭘 어떻게 해 줄까?"
"넓은 땅이 필요하옵니다."
"허허 그래? 내일 아침부터 해가 질 때까지 네가 뛴 만큼 땅을 갖도록 하여라."
"고마워, 정말 고마워요."
농부는 그날 아침, 뛰고 뛰고 또 뛰었어.
신발이 다 떨어지도록 뛴 거야.
'이제 됐어. 이정도면 멋진 주택을 지을 수 있……어? 내 다리가 왜 이러지?' 농부의 다리가 계속 달리는 거야. 해가 졌어. 쿵!

'여, 여기까지가 다 내 땅……'
그리고 농부는 다시는 일어나지 못했어. 그대로 하늘나라로 간 거지.

엄마, 사람의 욕심은 어디까지일까? 눈앞에 수많은 보석을 쌓아 놓고 가질 수 있을 만큼 가지라고 한다면 사람들은 어떻게 할까? 아예 외면하거나 달랑 하나만 챙기고 끝낼 수 있는 사람이 있을까? 아마 거의 모든 사람이 다 들지도 못할 보석을 자루에 담으려고 할 거 같아. 모두들 농부를 어리석다고 말하겠지만 막상 자기 앞에 그런 기회가 주어진다면 도중에 걸음을 멈출 수 있기는 결코 쉽지 않을 거 같아. 엄마는 어떨 것 같아? 더 놀고 싶을 때, 더 많이 먹고 싶을 때마다 한 번쯤 생각해 봐야겠어. 어디쯤에서 욕심을 거두어야 할지. 엄마, 정현이 이야기 잘 들어줘서 고마워.

가져온 곳 : 다음 카페
말꽃나라입말이야기 서정현 방 20번 '사과 주인은 누구?'를 읽고

➯ 아래 차례 그림을 그리고 물어보았으면 입말이야기 판을 벌이시오.

054

발 없는 말이 천리 간다

소문은 빨리 전달되므로 말조심 하라는 뜻

속을물음

1. 말이 뭐지?
2.
3.
4.
5.

놀려서 그랬어요

엄마 송이야, 너 어제 학교에서 무슨 일 있었지?
송이 아니 아무 일 없었는데요.
엄마 송이 너 사실대로 말해. 엄마가 다 알고 하는 말이니까.
송이 아니예요. 아무 일 없었어요.
엄마 얘가 끝까지 엄마를 속일려고 하네. 너 어제 예랑이랑 싸웠잖아. 예랑이한테 너 말 함부로 했더라. 예랑이가 아빠 없는 건 예랑이 탓이 아니잖아. 그런데 너 왜 예랑이한테 아빠 없다고 놀렸어? 엉? 예랑이가 많이 울었다던데.
송이 (찔끔) 죄 죄송해요. 그런데 어떻게 알았어요?
엄마 너 '발 없는 말이 천리 간다'는 것도 몰라? 네가 하는 행동 엄마한테 다 들어오게 돼 있어. 니네 반 애들이 몇 명여? 보는 눈들이 한 둘이 아닌데 왜 몰라?
송이 ……
엄마 송이야, 부모 없는 걸 놀리는 사람은 나쁜 거야. 예랑이가 얼마나 마음속으로 아빠가 그립겠어? 누구나 예랑이 처지가 될 수도 있는 거란다. 아빠가 이 누리에 안 계시는 것도 마음 아플 텐데 그걸 우리 딸이 예랑이의 약점으로 잡았다니 엄마는 너무 놀랐어. 엄마가 울 딸을 잘못 키웠나 싶어서 걱정했어.
송이 죄송해요 엄마, 예랑이가 엄마 키 작은 걸 갖고 놀려서 그랬어요. 난장이라고 하잖아. 그래서 화가 나서 그랬어요.
엄마 하하, 그랬구나. 엄마 키 작은 건 사실이잖아.
엄마는 괜찮으니까 앞으로 그런 거 갖고 싸우지 마. 알았지?
송이 네. 엄마.

배부른 흥정

 뜻풀이

되면 좋고 안 돼도 크게 아쉽다거나 안타까울 것이 없는 흥정

속을물음

1. 흥정이 뭐지?
2.
3.
4.
5.

✎ 풀이씨를 씨낱말로 짧은 글을 짓는 월 쌓기를 해보자.

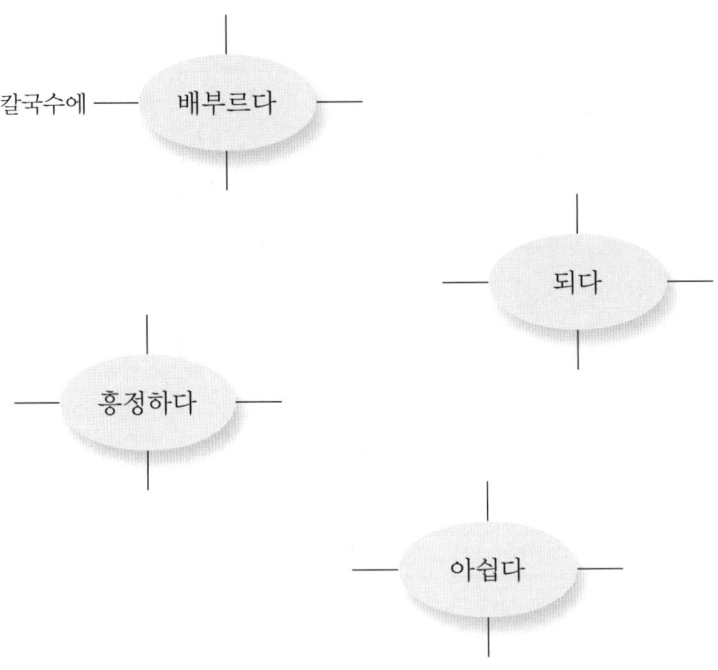

✎ 이음씨끝을 가려 잡은 도움풀이씨를 넣어 짧은 월을 짓는 월 쌓기를 해보자.

🌱 '흥정'을 씨낱말로 우듬지싹을 키워보자. 뭐가 보이나?

흥정

학교(배움터)를 다니는 것만도 어딘데? 배부른 고민이라구? 제대로 노는 법을 알기나 하니? 노는 데에도 미립이 있어야 한다구? 배움방에서 한창을 내려오면 힘놀뜰이다. 마음껏 공을 찰 수 있는 힘놀뜰이 있기는 있다.
정말 내 배움터 삶(학교생활)이 앞으로도 이적 일처럼 이어진다고 생각하니 맘이 싱숭생숭하다. 4켜(층) 배움방(교실)이라 힘놀뜰(운동장)이 보이지만 그림의 떡이라 딱히 내 맘결(성격)에 맞는 것도 아니다. 또 클릭 교실 공부가 왕창 즐거운 미립(방법)도 아니다. 그렇다고 내 스스로 하는 맘대글판(낙서장)이 자부심을 갖게 해주는 것도 아니다. 누가 생각하면 배부른 생각이라 하겠지만, 정말 내가 꼭 하고 싶은 일이 무엇인지 정말 어지럽다.

✐ 우듬지싹을 키웠으면 십자말풀이를 만들어 보시오.

벼름소

↪ 가로 길잡이

1.

3.

5.

7.

♡ 세로 길잡이

2.

4.

6.

8.

싫음 말고

송이   예랑아, 안녕!
예랑   응 안녕.
송이   예랑아, 어제 미안했어. 아빠 없다고 놀린 거 사과할게.
예랑   나도 마찬가지지. 니네 엄마 키 작다고 먼저 놀렸잖아.
송이   응. 나도 너 때문에 순간 화가 나긴 했었어.
예랑   미안해. 애들도 니네 엄마 난장이라고 놀리기에 나도 따라 해 본건데 생각해 보니 내가 잘못했더라.
송이   괜찮아. 그게 사실이잖아. 우리 엄마 키 작은 거.
예랑   그래도 …… 송이야. 너 이 스티커 할래?
송이   와! 예쁘다. 고마워. 나 스티커 무척 갖고 싶었는데.
예랑   그래? 우리집에 예쁜 스티커 아주 많은데.
       큰 이모가 사주셨거든.
       스티커 수첩도 나는 다섯 개나 있는데 그거 하나 갖다 줄게.
송이   정말? 예랑아, 고마워.
토박   예랑아, 너 스티커가 많다고? 내 카드랑 바꾸자.
예랑   카드? 난 카드 싫어해.
토박   이거 다 줄게. 이십 장이야.
예랑   토박아, 나 카드 싫어한다고 했잖아.
       딱지라면 모를까. 딱지랑 바꿀래?
       딱지 따먹기 할 때 한아이가 내 것을 치려고 할 때 가슴이 조마조마 한다. 딱지가 홀딱 넘어갈 때 나는 내가 넘어가는 것 같다.
       나는 딱지치기가 좋아.
       토박이 너 나랑 딱지치기 하자.
토박   난 싫어. 딱지는 내가 가장 좋아하는 거야.
예랑   싫음 말고. 나도 스티커가 좋아.

056

사공이 많으면 배가 산으로 간다

으뜸 사람 없이 여러 사람이 제 뜻만 내세우면
일이 제대로 되기 어려움을 빗대어 이르는 말

속을물음

1. 무엇을 먹지?

2.

3.

4.

5.

골고루 읽어주면 어때요

교사 어머님들 안녕하세요? 오늘은 아이들에게 '아침 책 읽어주기' 어머님들 모임을 하려고 해요. 독서논술 공부를 하신 어머님들이 모이셨으니 아무래도 서로 뜻이 잘 맞지 않을까 싶네요. 그럼 먼저 어떤 책을 읽어주면 좋을지 마주 어머니부터 말씀해 보실까요?

마주엄마 네. 제 생각은 입말로 된 동화책을 읽어주는 게 좋을 듯 합니다. 서정오 선생님의 옛이야기 책 같은 거요.

교사 토박이 어머님 말씀해 보시죠.

토박엄마 저는 인성동화를 많이 읽어 주는 게 좋다고 생각해요.
요즘 아이들은 인성교육이 필요하니까요.

송이엄마 장애 아이들을 이해하는 동화책이 좋다고 생각해요.
고정욱 작가의 동화책을 골라서 읽어주면 좋겠어요.

염통엄마 요즘은 글로벌 시대라 다른 나라의 동화들을 읽어주는 게 좋다고 생각해요.

해숙엄마 제 생각에는 과학 동화책이 좋을 것 같은데요.

행복엄마 무슨 소리예요? 뭐니 뭐니 해도 그림동화가 좋지요. 그림 동화를 읽으면 아이들이 이야기와 그림을 함께 보기 때문에 더 넉넉한 새샘뜻이 생긴다고 생각해요.

교사 어머님들의 좋은 의견 고맙습니다. 하지만 지금 주신 의견대로 한다면 배가 산으로 올라가야 할 것 같아요. 올 한 해 동안 아침 책 읽어주기를 하는 거니까 이러면 어떨까요? 어머님들이 말씀하신 입말책, 인성교육에 도움 되는 책, 장애 아이를 이해하는 책, 과학책, 그림책들을 골고루 돌아가면서 읽어주는 겁니다. 어때요?

엄마들 아주 좋은 생각인데요. 그렇게 하지요.

교사 그럼 먼저 입말책부터 시작해 볼까요?

엄마들 좋아요. 그럼 맨 처음을 마주 엄마부터 시작하지요.

마주엄마 네. 그렇게 할게요.

057

사람 나고 돈 났지
돈 나고 사람 났나

아무리 돈이 값진 것이라 하여도 사람보다 더 값질 수 없다는 뜻으로, 돈밖에 모르는 사람을 꾸짖어 이르는 말

속을물음

1. 왜 돈과 사람을 견주지?

2.

3.

4.

5.

✒️ 풀이씨를 씨낱말로 짧은 글을 짓는 월 쌓기를 해보자.

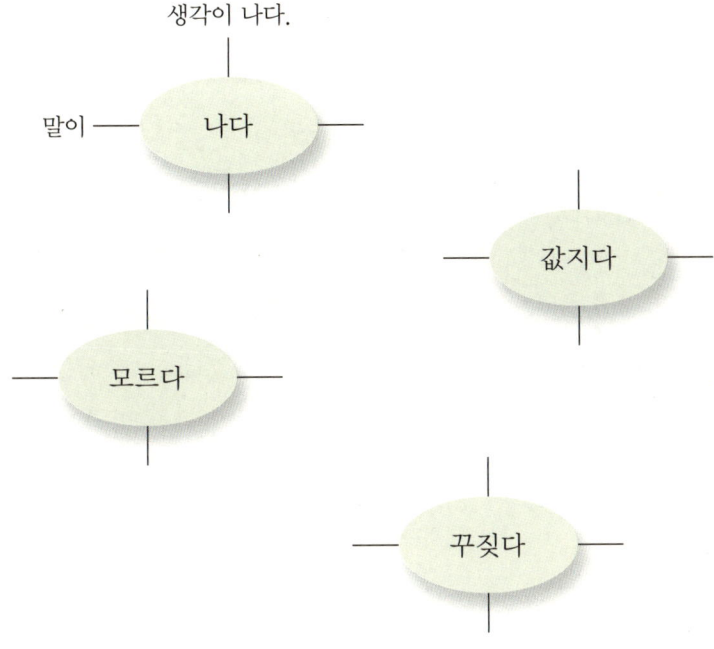

✒️ 말소리 줄기말인 겹움직씨를 찾아 짧은 월을 짓는 월 쌓기를 해보자.

> 돈에 환장했다. 돈독이 올랐다.
> 돈만 보면 사족을 못 쓴다. 돈에 귀신 들렸다.
> 돈 돈하지 마라, 머리 돈다.
> 사람 나고 돈 났지 돈 나고 사람 났나.
> 돈 놓고 돈 먹기다.
> 돈이면 다냐!(암, 돈이면 다지)
> 돈이 있어야 돈(豚)을 먹지.
> 돈 없으면 집에 가서 빈대떡이나 부쳐먹지.(돈이 있어야 재료를 사지)
> 돈 워리(돈 걱정 하지 마라고 웃기는 소리 하네.)
> 돈 꽤나 있다고 더럽게 유세 떠네.
> 돈맛을 보면 사람이 달라진다 ……

✒ 삶품말을 생각하며 그림에게 말을 걸어본다.

* 그림(사물, 자연, 사람)을 보면서 그림에게 말을 걸어본다. 그림속의 그림에게 말을 걸기, 그림이 나에게 말을 건다면 무슨 말을 할까? 생각하면서 말을 걸어보는 것이다. 그림을 보고 '아하! 그림이 그렇다는 거지' 하고 생각하는 앞에는 '그림이 어떻다고?' 묻는 과정이 바로 그림에게 '말걸기'라고 할 수 있다.

✒ 그림에게 말을 걸었으면 알림본을 만들어 보시오

* 알림본에는 알짬 알림글귀와 으뜸 알림그림과 맘들임(설득) 풀이글이 있다.

정말 이상해

어른들이 부르는 노래는 참 이상해요.
돈이 없는데 어떻게 집에 가서 빈대떡이나 부쳐 먹지요.
말도 안돼요. 말도 안돼요.
밀가루도 사고 채소도 사야 하잖아요.
그러니까 그러니까 돈이 있어야 하잖아요.
돈이 있어야 하잖아요.(맨날맨날 우리만 자래. 보리출판사)

엄마 염통아, 그게 무슨 노래야?
염통 응. '맨날 맨날 우리만 자래' 노래책에 나오는 마주이야기 노래야. 근데 저 노래가사가 맞다고 생각해. 안 그래 엄마?
엄마 뭐가?
염통 엄마, 어른들이 부르는 노래는 정말 이상해. 엄마가 어제 들은 노래 있잖아. 빈대떡 신산가 그 노래. 돈 없으면 집에 가서 빈대떡이나 부쳐 먹지. 그러잖아. 그런데 빈대떡 부치려면 재료가 있어야 하잖아. 부침개 하려면 밀가루도 사야하고 식용유랑 또 빈대떡 재료랑 있어야 하는데 어떻게 돈이 없는데 그걸 사냐고. 그게 말이 안되잖아.
엄마 우리 염통이 말이 맞다.
염통 또 빙글 빙글 도는 의자 회전의자에 어쩌고 하면서 억울하면 출세하라 출세를 하라 그런 노래 있잖아. 그 노래도 그래. 억울하다고 출세하라는 게 말이 돼?
엄마 그 그러게.
염통 엄마 또 내 동무 예랑이 있잖아. 걔네 아빠 말이야. 간암이었대. 그런데 간 이식 수술해야 하는데 돈이 너무 많이 들어서 병원에서 안 된다고 나가라고 했대. 수술도 못하고 예랑이 아빠가 돌아 가신 거야. 그게 다 돈 없어서 그렇게 된 거잖아. 돈이 최고야?
엄마 사람이 더 우선인데 돈이 더 앞서는 누리가 되었으니 쯧쯧쯧.

058

새끼 많이 둔 소 길마 벗을 날 없다

아들딸을 많이 둔 부모는 쉴 사이가 없다는 말

솟을물음

1. 소등에 길마는?
2.
3.
4.
5.

부지런히 도와야 해

마주   뿡 뿡, 나는 시간 여행을 하고 있는 마주라고 해.
검말   어서 와. 우리 내몽고에 온 것을 환영해.
　　　여기는 오한치라고 해. 저기 멀리 성자산이 보이지?
　　　나는 저 성자산 밑에 있는 마을에 살고 있어.
　　　내 임자는 양릉 아저씨고 내 이름은 검말이야.
마주   검말아, 안녕. 반가워.
검말   마주야. 넌 어디서 왔니? 조선족이야?
마주   아니야. 나는 한국에서 왔어. 오한치 박물관과 성자산에 갈려고 온 거야. 그런데 검말아, 비가 귀하다고 들었어. 여긴 햇빛이 쨍쨍 비추니까 덥겠다. 논은 없고 밭이 산비탈에 많은데 너 같은 말들이 사람을 싣고 다니네. 힘들겠다. 황사가 여기서 일어난다던데.
검말   응 맞아. 여긴 비가 잘 안 오니까 곡식을 거두면 땅이 비어 있잖아. 그러니 봄에 바람이 불면 황사바람이 심해.
마주   검말은 새끼 낳아 봤어?
검말   그럼. 난 지금도 엄마야. 젖을 먹이는 새끼가 있거든. 지금까지 내가 낳은 새끼는 모두 일곱 마리야. 지금은 커서 남의 집으로 가서 살고 있는 새끼도 있지.
마주   아, 그래서 젖이 통통 불어 있었구나?
검말   응. 새끼 젖 먹일 시간이다. 미안해. 나 양릉 아저씨가 불러서 가 봐야 해. 오후엔 성자산 바로 밑에까지 올라가야 하거든.
　　　길마에 물을 싣고 가서 시들어 가는 옥수수 밭에 뿌려줘야 돼.
　　　내 새끼 키울려면 또 부지런히 양릉 아저씨를 도와야 해.
　　　마주야, 잘 다녀가라. 안녕.
마주   응. 검말아. 친절하게 대해줘서 고마워. 잘 가.

새벽달 보자고 초저녁부터 기다린다

일을 너무 일찍 서두른다는 뜻

속을물음

1. 새벽달을 본다고?
2.
3.
4.
5.

✍ 풀이씨를 씨낱말로 짧은 글을 짓는 월 쌓기를 해보자.

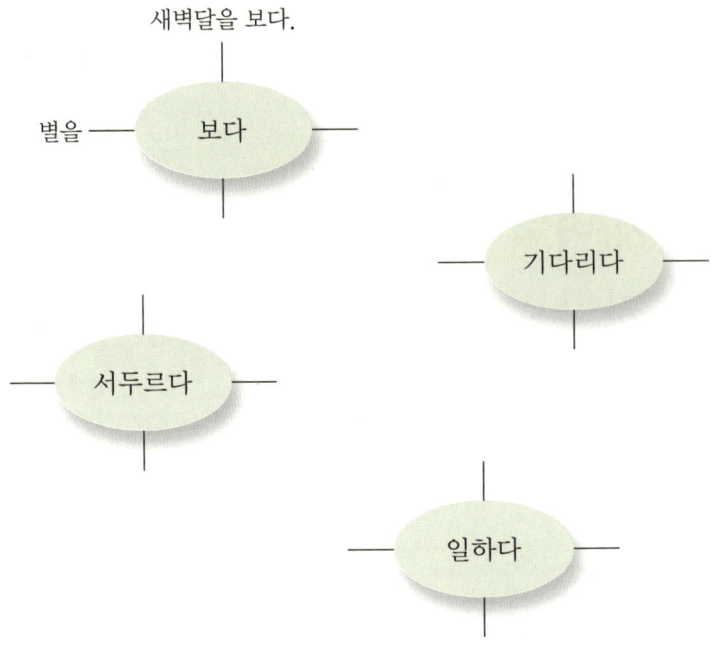

✍ 풀이말에 이끌리는 어찌말을 찾아 짧은 월을 짓는 월 쌓기를 해보자.

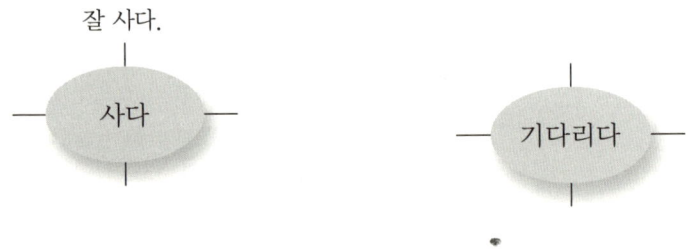

> 삶품말_59 마주이야기
>
> 마주 한가위에 시골에 가려면 할머니 선물을 사야하는데 어쩌지?
> 엄마 아직 한 달도 더 남았어. 새벽달 보자고 초저녁부터 기다리니?

✎ '새벽달 보자고 초저녁부터 기다린다.'란 삶품말의 뜻을 나타낼 수 있는 일을 아홉 난 그림담(만화)으로 그려봅시다.

✎ 그림담을 그렸으면 삶품말을 넣은 글월(편지)을 써 보시오.

잠이 안 와요

아빠   염통아, 내일 수학여행 간다며?
염통   네.
아빠   그럼 어서 자거라. 지금 저녁 열시네.
       조금 늦었다. 일찍 자야 일찍 일어나는데.
엄마   그래. 염통아 어서 자. 아침 일곱 시까지 가야 한다며?
염통   알람 맞혀 놨어요.
       그래도 엄마 아빠가 깨워주셔야 해요.
엄마, 아빠   응 알았다. 잘 자.
염통   네.

염통   (한참 자고 나서) 아이, 잠이 안 오네. 몇 시지?
       후유! 이제 세 시네. 여섯시 되려면 세 시간이나 더 있어야 하는
       디…… 왜 이리 잠이 안 오는 거야? 빨리 아침이 됐으면 좋겠다.
       아휴 심심해.
아빠   염통아, 잠이 안오냐? 그렇게 수학여행이 좋아?
염통   그럼요. 제주도가 어떤 곳인지 궁금해요.
엄마   여보, 지금 세시예요. 어서 염통이 더 좀 재우세요.
아빠   알았소. 염통아, 아빠가 자장가 불러줄게 조금 더 자거라.
염통   네에.
아빠   엄마가아 섬그늘에에 구우울따러어 가아아면
       아기가 혼자 남아아아 집으을 보오다가아아
       아빠가 불러주느으은 자장노래에에
       팔베고오 스르르르르으으 자암이 드읍니이다아아.
아빠   녀석! 잠들었네. 아빠가 깨워 줄테니 걱정 말고 잘 자. 아들.

060

서당 개 삼 년이면 풍월을 읊는다

 뜻풀이

아는 게 없는 사람이라도 아는 사람과 오랫동안 같이 있으면 저절로 아는 것이 생긴다는 말

속을물음

1. 서당이 뭐지?
2.
3.
4.
5.

마주가 풀어줬어

아빠   여보, 우리 마주가 내 말을 아주 잘 들어줘서 기분이 좋아졌네.
엄마   하하, 당신 오늘 기분 안 좋다더니 풀린 거예요?
아빠   응. 풀렸어. 우리 마주가 내 이야기를 어찌나 잘 들어주는지 나도 모르게 그만 내 이야기를 다 하게 됐다니까.
엄마   당신은 앞으로 내가 없을 때는 마주랑 이야기 하면 되겠네.
아빠   그러지 않아도 그래야겠어.
엄마   마주야, 어떻게 그렇게 아빠 말을 잘 들어주게 됐어?
마주   우리 선생님이 마주이야기를 알려줘서 그래. 선생님은 절대 화를 안 내시고 꼭 설명하시거든. 나도 따라 해 본거지.
엄마   아, 그래? 아이들이 말을 안 들어도?
마주   응. 절대 화를 안내셔. 애들이 막 싸우고 소리 지르고 다른 애들이 서로 괴롭힐 때 나 같으면 화가 날 거 같은데 선생님은 웃으면서 설명하셔.
엄마, 아빠   아니 정말이야? 와, 대단하시다.
마주   엄마, 마주이야기는 다른 사람의 말을 잘 들어주어 풀어주는 거랬어. 또 서로 나누어서 알아주는 거래. 그럼 하고 싶은 말을 하게 된댔어. 그리고 함께 해서 그 사람을 잡아주는 거랬어.
아빠   하하하. 우리 마주가 마주이야기를 하더니 똑똑해졌네.
엄마   그래서 그것을 아빠한테 해 본거야?
마주   응. 선생님이 알려준 대로 아빠한테 했는데 아빠가 풀렸대. 나도 기분 좋아.
엄마, 아빠   어이구! 우리 기특한 딸. 고마워.
         '서당 개 삼 년이면 풍월을 읊는다더니 고마워 딸아.'
마주   히히. 엄마 아빠도 앞으로 마주이야기로 해 봐. 그럼 기분이 아주아주아주 좋아질 거니까.

061

설마가 사람 잡는다

'그럴 리야 없겠지'하고 속으로 믿고 있는 일이 크게 어그러진다는 뜻

속을물음

1. 설마가 뭐지?

2.

3.

4.

5.

✒ 풀이씨를 씨낱말로 짧은 글을 짓는 월 쌓기를 해보자.

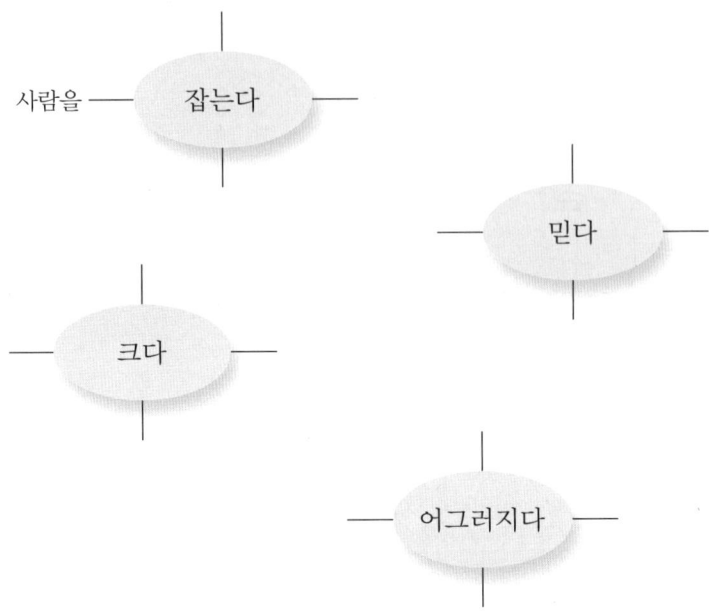

✒ 물음월 씨끝바꿈이 있는 짧은 월을 짓는 월 쌓기를 해보자.

삶품말_61 마주이야기

설마

"운동장에 사람이 이렇게 많은데 설마, 누가 훔쳐가기나 하겠어요?"
설마가 사람 잡는다. 새 자전거를 운동장 한 구석에 받쳐놓고 줄다리기를 구경했다. 구경을 마치고 집에 가려고 찾으니 자전거가 없다. 울상을 하고 자전거포에 갔더니 새 자전거라 도둑이 입맛을 다신 것이라 했다.

➔ '설마가 사람 잡는다.'란 삶품말의 뜻이 담긴 일을 아홉 난 그림담(만화)으로 그려봅시다.

✒ 그림담을 그렸으면 삶품말을 넣은 글월(편지)을 써 보시오.

절대 믿을 수가 없어

염통   예랑아, 오늘 철수가 해숙이를 도와줬대.
예랑   누가 그래?
염통   으응? 행복이가 그러던데.
예랑   그래? 철수가 해숙이를 어떻게 도와줬데?
염통   미술시간에 크레파스도 나눠 쓰고 연필도 빌려줬다던데.
예랑   에이, 잘 못 본 거 아니야? 내가 아는 철수는 그런 애가 아닌데.
염통   야, 그럼 우리 반에 철수가 한 명 밖에 없는데 두 명 있냐?
           철수 한 명이잖아.
예랑   나는 해숙이한테 확인하기 전에는 절대 믿을 수가 없어.
염통   그건 나도 그래. 철수가 그랬다는 게 믿기지가 않아.
           나는 네가 알고 있는 줄 알았지.
예랑   아니야. 난 몰라. 진짜 내일 아침 해가 서쪽에서 뜨겠네.
           지구가 뒤집어질지 모르니 조심해라.
염통   하하하하. 철수가 그 정도로 인색하냐?
예랑   그러잖아. 자기 건 이만큼도 손해 안 보려고 하잖아. 다른 애 걸 뺏어가면 가져갔지 절대 자기 거 나눠주는 애가 아닌데.
염통   어, 저기 해숙이 온다. 물어보자.
           해숙아, 철수가 너 진짜로 연필과 크레파스 빌려줬냐?
해숙   응.
염통   설마 거짓말 하는 건 아니지?
해숙   내가 왜 거짓말을 해? 진짜야. 근데 사실은 철수가 나를 좋아하나 봐. 이건 비밀이다. 나도 좀 안 믿어지니까.
예랑   조심해. 해숙아, 그러다 믿는 도끼에 발등 찍힐 수도 있어.
           철수는 아무래도 못 믿겠어.
해숙   야, 그 정도는 아니다. 너희들이 믿어주면 철수도 착해질 거야.
염통, 예랑   아, 알았어. 미 미안해. 철수를 나쁘게 말해서.

062

소도 언덕이 있어야 비빈다

뜻풀이

의지할 데가 있어야 무슨 일을 할 수 있다는 말

속을물음

1. 소가 왜 나오지?
2. 비비면 무슨 일이 일어나지?
3.
4.
5.

사는 게 답답해

아빠   휴, 전주 사는 동생네가 가게를 낸다고 돈을 좀 빌려달라는데 어쩌지?

엄마   그래요? 아휴 어떡하지? 우리도 하루하루 벌어서 먹고 사는데…… 거기 빌려줄 돈이 어디 있어야 말이지. 큰일 났네.

아빠   동생이 지난번에 아파서 병원에 입원하는 바람에 있는 돈을 다 써 버렸다네. 동생이 지금 몸이 안 좋아서 일을 할 수 없잖어. 그런데 사는 집에서는 전세금을 올리고 나가라고 한다는 거야. 휴우!

엄마   여보 한숨 쉰다고 풀어질 일도 아니잖아요. 그렇다고 시골 부모님도 우리가 생활비 조금씩 보내드리는 걸로 간신히 사시는데 도와달라고 할 수도 없고 …… 이럴 때는 너무 사는 게 답답해.

아빠   괜히 당신까지 걱정하게 만들었구만. 미안하오.

엄마   내가 아는 게 당연하죠. 당신 혼자 끙끙 앓으려고. 그러면 우리가 무슨 부부겠어. 우리가 장남인데 참 동생들한테 제대로 해 주는 게 없으니 마음이 아프고만. '소도 비빌 언덕이 있어야 한다'고 원, 사람도 비빌 언덕이 있어야 말이지. 아이구, 참 답답하네.

아빠   내가 오늘 일 나가면 알아보리다. 그렇다고 동생네를 길거리로 나앉게 할 순 없잖아.

마주   아빠, 이거 저금통이야.
이것도 작은 아버지 도와 줄 때 보태세요.

엄마   쯧쯧, 우리 마주 기특하네. 여보 알아보자구요.
우리 마주가 자기 아끼는 저금통도 내놓는데 우리도 아는 사람들에게라도 좀 알아보게요.

아빠   그럽시다. 마주야 고맙다. 작은 아빠가 힘이 나실 거야.
우리 마주 저금통 보면.

마주   히히히.

063

소 잃고 외양간 고친다

뜻풀이

앞가축(준비)을 소홀히 하다가 일을 그르친 뒤에 뉘우치고 뒤늦게 손쓴다는 말

속을물음

1. 외양간에서 무슨 일이 있지? _____
2. _____
3. _____
4. _____
5. _____

✏️ 풀이씨를 씨낱말로 짧은 글을 짓는 월 쌓기를 해보자. 뭐가 나오나?

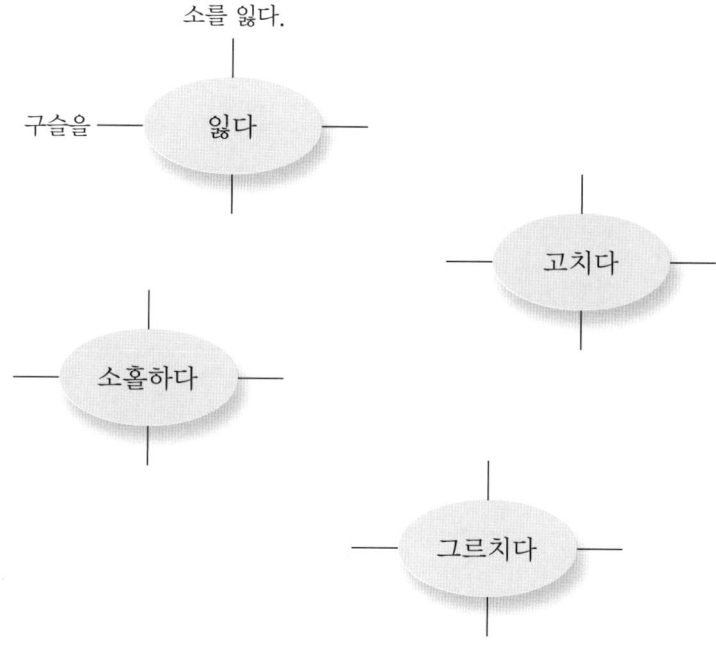

✏️ 이음씨끝을 가려 잡은 도움풀이씨를 넣어 짧은 월을 짓는 월 쌓기를 해보자.

🌱 우듬지싹을 키우면 꼬리에 꼬리를 무는 생각씨 줄기말이 자라지.

소

말을 할 때 말 안에서 도와주는 말이 있다. 그 구실이 뚜렷해서 하나의 씨(품사)로 홀로 서는 말떼가 있는가 하면, 품사로 서기에는 좀 모자라는 말떼가 있는데, 토씨 아랫갈래에 도움토씨, 풀이씨 아랫갈래 도움풀이씨가 그렇다. '이다·아니다' 같은 것은 단 둘이서 잡음씨(지정사·서술격조사)란 품사로 인정받는 말이다. 바탕말을 '무엇이 어찌한다, 무엇이 어떠하다, 무엇이 무엇이다'라고 했을 때 적어도 끝맺는 말셋에 하나가 '이다·아니다'로 맺을 정도니 그 구실을 인정하지 않을 수 없는 까닭이다. 따지고 보면 토씨·매김씨·어찌씨(관형어·부사어)도 임자말이나 풀이말을 도와주는 구실을 하기는 마찬가지다.

최인호/한겨레말글연구소장

✐ 우듬지싹을 살펴보고, 구슬이 만들어 낸 빛깔과 모습과 자취가 드러나는 일을 아홉 난 그림담을 그리시오.

알려고 하지 마세요

아빠   염통아, 뭐하는 거여? 지금 뭐해?
염통   보면 모르세요? 저 지금 그림 그리고 있잖아요.
아빠   그림 그리고 있는 거 나도 알지. 그런데 왜 그림을 그리냐고.
염통   그야 다 까닭이 있어서죠.
아빠   까닭이라니 무슨 까닭?
염통   그건 아빠가 알 바 없어요.
아빠   뭐라고? 아빠가 알면 안 되는 거야?
염통   알려고 하지 마시라니깐요. 알면 다쳐요.
아빠   녀석, 뭔 말버릇이 그래. 알면 다친다니?
염통   그런 게 있어요. 암튼 저 말 더 이상 시키지 마세요. 다 그리면 말씀드릴게요.
염희   아빠, 오빠가 왜 그림 그리냐면요. 말해 줄까요?
염통   염희 너 가만 안 있어? 말하지 말라고오.
염희   알았어 오빠. 입 꼭 다물게.
염통   휴! 다 그렸다.
아빠   아니 이건 무슨 그림이야? 빨간 이것은 뭐야?
염통   자꾸 묻지 마시라니까요. 그러다 다친다고 했죠?
아빠   나 원 참 기가 막혀서. 이게 무슨 말버릇이야 엉?
염통   아빠, 사실은요. 제가 오늘 학교에서 그림 때문에 쪽팔렸거든요.
아빠   그림 때문에 쪽팔려? 왜에?
염통   아이, 말씀 드리면 아빠도 창피해 하실 텐데. 할 수 없다 말씀드려야지.
아빠   ……?
염통   오늘 마주가 미술 시간에 선생님 그리기를 하는데 진짜 똑같게 그린 거예요. 나는 마주를 그렸는데 완전 마귀할멈같이 그려졌어요. 마주가 화가 나서 제 그림에다 물감을 마구 칠해버렸고 화가 난 저는 마주를 때렸어요. 그래서 그림 그리는 거 다 뺏기고 집에 온 거예요.
아빠   그래서 지금 집에서 부지런히 그려보려고?
염통   마주를 이길 거예요.
아빠   소 잃고 외양간 고치는군. 이기려고 하지 말고 진짜 네가 그리고 싶어서 그려야 되는 거야. 알았어 엉?
염통   알았어요 아빠. 죄송해요.

064

손톱 밑에 가시 드는 줄은 알아도
염통 안이 곪는 것은 모른다

눈앞에 보이는 작은 일에는 영리한 듯 하나 당장
나타나지 않는 큰 손해는 깨닫지 못함을 이르는 말

속을물음

1. 가시가 뭐지?
2.
3.
4.
5.

다 상관한다니까

마주   철수야, 이 빵 먹어.
철수   냠냠냠
해숙   야, 고맙다 하고 먹어야지.
철수   퍽. 퍽. 니가 무슨 상관이야?
마주   철수야, 너 왜 그래? 해숙아 울지 마.
해숙   엉 엉 엉.
철수   짜식이 까불고 있어. 니가 뭔데 이래라 저래라 하는 거야?
마주   철수야, 그렇게 말하지 마. 동무니까 그러지.
철수   해숙이는 상관 안하는 게 없단 말이야. 내가 하는 일은 뭐든 다 상관한다니까.
마주   그것도 나쁘게 받아들이지 마. 동무가 아니면 그러겠어? 나도 네가 애들 때리는 거 싫어.
철수   알았어. 안 때리면 될 거 아냐?
마주   너 자꾸 그러면 애들이 싫어해.
철수   해숙이도 내가 보면 딴 애들하고 싸울 때 있거든. 그런데 착한 척 하는 거야. 엉덩이로 호박씨 깐다니까.
마주   해숙이가 그런 애는 아니다. 야, 사람 의심하면 끝이 없어. 괜히 해숙이한테 그러냐? 철수 너나 잘 해.
철수   얌전한 강아지 부뚜막에 먼저 올라가는 법이야. 해숙이가 얼마나 사나운 앤 줄 너 모르지? 나 지난번에 해숙이한테 걸려갖고 죽을라다 살아났다고.
마주   야, 너 엄살 넘 심하다. 철수 너는 왜 늘 나쁘게만 말하냐?
해숙   마주야. 아니야 철수 말이 맞아. 그때 내가 철수 가만 안 둘라고 벼르고 있었거든. 나를 늘 놀리고 괴롭혔잖아. 너 걸리기만 해 봐. 죽었다.
철수   봐봐. 저게 해숙이 모습이라니까.
마주   야, 니네 둘 다 화해해.

수염이 열 자라도 먹어야 양반

아무리 훌륭하고 점잖은 사람도 먹지 않고는 살 수 없다는 뜻

속을물음

1. 양반이 뭐지?
2.
3.
4.
5.

✒ 풀이씨를 씨낱말로 짧은 글을 짓는 월 쌓기를 해보자.

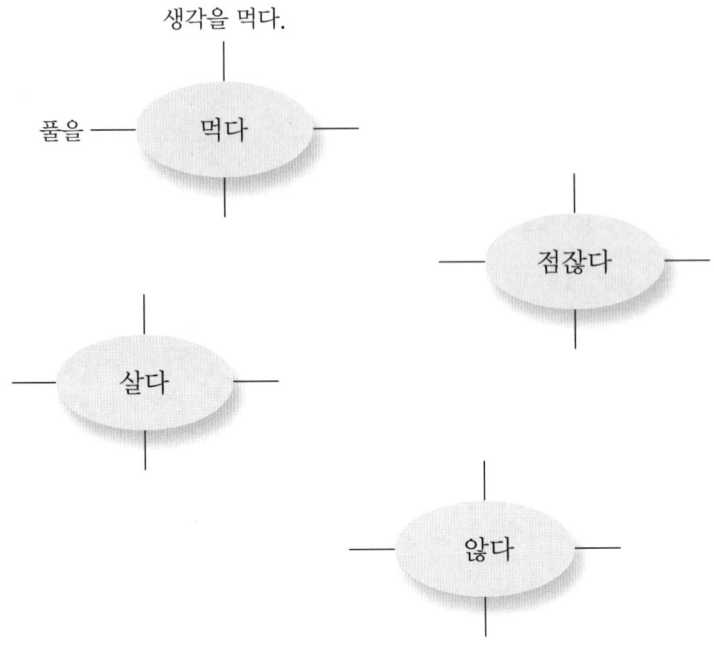

✒ 이음씨끝(연결어미)을 부려 짧은 월을 짓는 월 쌓기를 해보자.

도움풀이씨는 으뜸풀이씨의 독특한 이음씨끝을 가려 잡는다. 흔히 말하는 '아/어·게·지·고' 등 어찌꼴 이음씨끝이나 '는가/ㄴ가·나·ㄹ까·고자·야' 따위와 어울리기도 한다. "먹어 보다/ 마쳐 버리다/ 들어 주다/ 들어 드리다/ 잘 해 내다/ (옷본을) 오려 나가다/ 눈이 회둥거래 가지고 쳐다본다/ 가두어 두다/ 갈아 놓다/ 일러 바치다/ 해 올렸다/ 해 다오/ 해 내다/ 앉아 있다/ 와 계신다/ 받아 왔다/ 써 지다/ 웃어 쌓다/ 못해 먹겠다/ 둔해 터졌다/ 해 치우다/ 골아 떨어지다/ 썩어 빠졌다/ 땅을 파 제꼈다/ 문을 열어 젖히다(이상 아·어), 가게 하다/ 가게 되다(이상 게) 속이지 아니하다/ 일을 하지 못하다/ 졸지 말라/ 가지 않고 오지 않노라(이상 지), 일을 하고 있다/ 이야기를 하고 계시다/ 일하고 싶다/ 끝내고 나니까/ 떠나고 싶어하다/ 가고 파하다/ 살고 지고(이상 고), 가야 하다/ 가고자 하다, 갈까 한다(기타)

실제로 입말에서 이 도움풀이씨를 다양하고 활발하게 부려 써 말맛을 내는데, 둘 이상 겹쳐 쓸 때도 많다. "무슨 짓을 해서라도 자식들에게만은 이 가난을 물려 주고 싶진 않네./ 이제 겨우 자리가 잡혀 끼니나마 거르지 않게 되나 보다 했다."

최인호/한겨레말글연구소장

🌱 우듬지싹을 키워보자. 뭐가 보이나?

먹다

⇨ 우듬지싹을 키웠으면 십자말풀이를 만들어 보시오.

벼름소

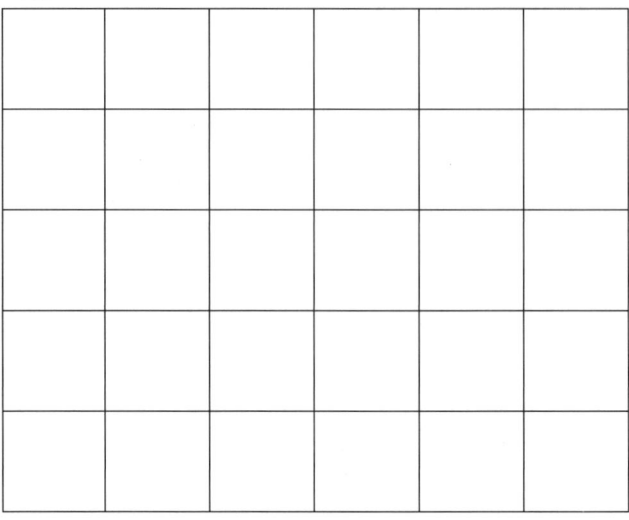

⇨ 가로 길잡이

1.

3.

5.

7.

♡ 세로 길잡이

2.

4.

6.

8.

아줌마한테 말해 볼래

엄마   철수야, 염통이랑 많이 놀았어? 배고프지?
       아줌마가 새참 만들었어. 이거 먹어봐.
       파 부침갠데 오징어도 넣었어.
철수   싫어요. 저는 이런 거 안 먹어요.
       피자도 저는 고구마 피자 이런 거 안 먹어요.
       고급 피자만 먹지. 누가 이런 부침개를 먹어요?
엄마   그래?…… 아, 그렇구나.
       우리 염통이는 이 부침개를 아주 좋아하는데…
       나는 염통이 동무니까 철수도 좋아할 줄 알았네.
철수   ……
염통   음, 정말 맛있어요.
       엄마, 저 한 개 더 먹어도 돼요?
엄마   응 그럼. 너희들 먹으라고 만든 건데.
       철수가 안 먹는다니 우리염통이가 다 먹어야겠네.

(한 시간 뒤)
철수   (뱃속에서) 꼬르륵 꼬르륵~
염통   야, 너 배고픈가보다. 꼬르륵 소리가 난다.
철수   야, 아까 그 부침개 남았냐? 아아 배고파.
       나 그 부침개 먹고 싶은데 니네 엄마한테 말해볼래?
염통   정말? 아 알았어.

숭어가 뛰니까 망둥이도 뛴다

제 몸 자리모(처지)는 생각하지 않고 저보다 나은 사람을 본떠 따라 한다는 뜻

속을물음

1. 숭어가 사는 곳은?

2.

3.

4.

5.

나도 쓰고 있다고요

교사   오늘 마주와 염통이가 마주이야기 기림보람(상장)을 받는다.
아이들 정말요?
교사   그래. 우리 학급에서 가장 부지런하게 마주이야기를 쓴 어린이가 두 명이 있어. 한마주와 김염통 어린이.
철수   칫, 나도 한마주와 김염통보다 더 잘 쓸 수 있어요.
교사   그래. 박철수가 잘 쓸 수 있다는 거 알지.
        하지만 넌 지금 현재 쓰지 않았잖니?
철수   나도 집에서 쓴다고요.
교사   그랬구나. 그러면 집에서 쓴 마주이야기 가져 와 봐.
        내게도 좀 보여주라.
철수   싫어요. 제 걸 왜 선생님을 보여줘요?
교사   그건 맞는 말이야. 그런데 우리 철수가 염통이와 마주가 기림보람 받는 걸 보고 기뻐해 주지 않고 집에서 나도 썼어요 하니까 궁금해서 그런 거지.
철수   칫, 선생님은 맨날 마주랑 염통이만 이뻐해.
교사   하하하. 우리 철수가 단단히 삐졌구나.
        마주와 염통이가 부러워?
철수   누가 부럽대요?
교사   그러면 두 동무가 기림보람 받는 걸 진심으로 기뻐해 주자.
철수   ……

숯이 검정 나무란다

제 몸 흠이 더 큰 사람이 도리어 흠이 적은 사람을 흉본다는 뜻

속을물음

1. 숯이 뭐지?

2. 검정은 뭐지?

3.

4.

5.

✎ 풀이씨를 씨낱말로 짧은 글을 짓는 월 쌓기를 해보자.

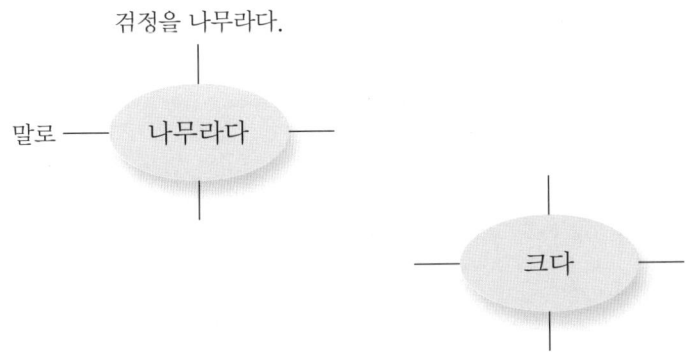

➔ '숯'을 밑감(자료)으로 하는 일이 드러나는 기별본을 마련해 붙여봅시다. (A4 종이 한쪽에 맘대 기별본(자유 신문)을 만들어 붙인다.)

기별본 앞쪽	날짜	한글 기별본	만든 이	풀붙임 쪽 (1쪽을 붙일 수도 있다.)
1쪽		2-3쪽		4쪽

〈기별본 얼개 (4쪽)〉

✒ '숯이 검정 나무란다.'를 가온 글귀로 하는 풀이씨 일판 '아홉 난 월 쌓기' 낱말밭을 만들어 봅시다. 난마다 짧은 월 가운데 하나를 골라 판그림을 그려 넣은 글그림판을 꾸며 봅시다.

너도 화 잘 내거든

해숙　마주야, 오늘 도서관에 가자.
마주　그래. 그러자. 나 요즘 몽실 언니한테 빠졌어.
해숙　나는 세종대왕님께 빠졌는데.
철수　뭐에 빠졌다고?
해숙, 마주　……
해숙　너는 또 무슨 트집을 잡으려고 그러셔?
철수　트집? 넌 왜 내가 말만 하면 그러냐?
해숙　네가 하두 감놔라 배놔라 하니까 그러지.
　　　무슨 말이든 넌 좋게 말할 때가 없잖아.
철수　이거 왜 이리셔? 나도 그렇게 나쁜 애 아니거든.
마주　맞아 해숙아. 너 왜 그래? 철수한테 그러지 마.
해숙　알았어. 나는 철수가 또 우리를 놀리려고 그런 줄 알았지.
철수　이래봬도 나 아무나 놀리는 거 아니다.
　　　못 된 애들만 놀리는 거지.
해숙　그러셔? 못 된 애들만?
철수　그래. 바로 너 같은 애들.
　　　너는 한번 나쁘다고 생각하면 끝까지 그렇게 보잖아.
　　　그건 나쁜 거야. 사람은 달라질 수도 있는 거야.
해숙　내 내가 그랬어? 그런데 지금 네 말은 옳긴 옳다.
철수　그래. 너도 가끔은 화를 잘 내잖아.
　　　나도 너 화내는 거 싫거든. 그래도 너한테 뭐라 안하잖아.
해숙　음 듣고 보니 그러네. 미 미안해 철수야.
철수　괜찮아. 뭐 내가 이해해야지.
마주　하하하. 우리 같이 도서관 가자.
해숙, 철수　그래.

068

신선놀음에 도끼 자루 썩는 줄 모른다

어떤 부질없는 일에 빠져서 해야 할 일을
하지 않는다는 뜻

속올물음

1. 신선이 무엇 하며 놀지?

2. 도끼가 썩으면 무슨 일이 일어나지?

3. _____

4. _____

5. _____

내 얘기 좀 들어보랑게요

"윤희 너 숙제 다 했냐 잉?"
"아니이. 내비둬. 내가 알서 할팅게."
"이때까정 뭐했간디 안혔어 엉? 숙제 안하믄 우짤라고 그려어? 싸게싸게 혀야 헐거인디 한 시간 동안이나 뭐했냐고 엉?"
"집 가상이를 뺑뺑 돌아댕겼당게. 냅둬 좀."
"긍게 하나도 안혔단 말이잖여? 너 우짤라고 그려어 우짤라고오?"
"아따 참말로 냅두랑게. 냅둬 좀."
"이늠아야. 니 10시 10분에 자빠져 자. 알긋냐? 낼 6시 반에 뽈딱 일어나야 혀. 알겠어? 엉?"
"솔찮이 그렸쌌네. 거시기 허게 이."
담날 아츰!
"윤희야. 뽈딱 일어나. 야가 참말로 한밤중이구만."
"아아아이이. 나 좀 냅둬."
"싸게 싸게 못 일어나냐? 후딱 일나라고. 야가 내 말을 알아듣는거셔 못알아 듣는거셔 시방. 야, 7시 30분이여. 7시 30분."
"아이이이. 냅비두라고 잉."
"(고함)싸게 일어나지 못하겠냐? 싸게 일어나 후딱."
"(퉁명스럽게) 일어났거등."
"야가 시방 내 말을 똥으로 아는갑구만 잉. 오마니가 일어나라는 건 칙간으로 나오라는 것이잖여."
"어매는 개코도 모름서나. 가만 있는 사람 무담시 건드리고 그려. 가면 될 거 아녀어?"
"윗도리 활딱 벗고 이 옷 입어보랑게. 얄포롬 한 거이 오늘 딱 맞을 것 같혀."
"어매는 이거이 얄포롬한가 잉? 만쳐봐. 얼매나 두껀가......이 옷 입었다가는 떠 죽는 단 말여."
"하따, 고런 것은 각단지게 챙기는구마. 바지도 입어."
"윗도리 입으라매?"
"너 증말 자꼬만 어매를 시피볼거여? 이 가스나가 어매를 너무 시피보능구마. 아이구 배나 죽겠네."

(2010 온고을큰이야기판 '사투리판' 오윤희 어린이 이야기)

도움토 부려쓰기

도움토는 자리토 구실 등 여러 자격을 아우르면서 말뜻을 강조·한정하는 구실을 한다. 임자·풀이·어찌씨를 비롯한 다른 토씨나 마디, 월에도 붙어 쓰이므로, 토씨 중에서도 감초 구실을 하는 말이다.
말을 줄이고 뜻을 구별·강조하는 데 성금이 뛰어나 각종 글의 표제어·제목에도 많이 쓰이며, 입말·글말을 구분하지 않는다. 표제어에서도 흔히 쓰이는 까닭은 상황을 짐작할 만한 환경에서 도움토 다음의 풀이말 뭉치는 생략해도 의미를 쉬 읽어낼 수 있기 때문이다.

이런 만능 토박이말 도움토씨를 두고도 일상 대화에서 그 쓰임이 가난해져 간다는 게 문제다. 이에 익은 이들이 쓴 글을 찾아 읽기가 어려워지고, 일상 대화에서 제대로 부려쓰는 이조차 드물어져 가니 배우는 어린이들이 그 말맛을 느끼고 익히기가 어렵다. 몇몇 두드러진 것들만 쓰이어 말이 천박해지고 웅숭깊은 맛이 없어진다.
△보기도 싫다, 오도 가도 못한다, 여기에 와서까지도, 황공하옵께도, 심심도 하다, 인생은 과실의 연속이기도 하다, 너마저? 폭력조차?, 돈도들 많다, 남쪽으로들 떠났다, 좋다고들 한다.(포괄하는 것/도·조차·마저·서껀·들)
△마을마다, 몇 달씩, 조금씩, 열에 하나꼴.(개별적인 것/마다·씩·꼴)
△이 좋은 봄날 당신은 어찌 수심이 가득하오? 있는 것은 있고 없는 것은 없다, 그것만은 사실이다, 그이가 그런 일을 해 줄는지는 모르나, 너한테는 줄 수 없다, 아비의 생각은 너와는 다르다, 여기 가만히 있으라니깐 그러네, 달아나지는 않을 터이니, 그 말이 어떤 뜻이냐는 그들이 더 잘 알 것이다, 정말 부지런은 하군, 너만 오느라, 말로만의 약속, 돈만 없다뿐이지, 돈밖에 모른다.(하나만 다름/은·는·ㄴ·이란·을랑·만·뿐·밖에·(이)나) 이 토들은 단독·홀로·특별함·다름을 보이는

데 '도'와 대조적이며, 임자토 '가/이'와는 어울리지 않는다.

이 밖에 여럿에서 가림(이나·이든·이든지·이든가·이거나), 처음이나 끝을 나타냄(부터·까지·꺼정·토록), 넉넉함(이나), 마음에 덜 참(이나마, 이라도·이래도), 확실함(이야·이라야·이야말로·이사·인즉·이면·다가·곧·서·따라·이라고·이기로서니), 불확실함(인가·인지·이고·인들·쯤·깨나)처럼 말하는 이의 마음을 섬세하게 구별하는 숱한 말들이 있다. 그 말맛 따라 제대로 써버릇하는 훈련은 어른들과 자주 얘기를 주고받고, 학교에서는 이를 제대로 가르치며, 이를 잘 부려쓴 책을 읽는 방법이 있겠다.

[말글찻집] 도움토 부려쓰기 / 최인호 /한겨레말글연구소장

이음씨끝(연결어미)을 부려 짧은 월을 짓는 월 쌓기를 해보자.

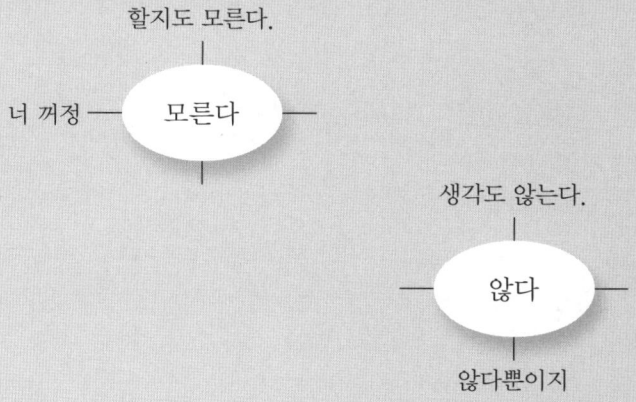

069

쏟아 놓은 쌀은 주워 담을 수 있어도
쏟아 놓은 말은 주워 담을 수 없다

사람이 한 번 입으로 말한 것은 책임이 뒤따르므로
말함에 있어서 다른 사람에게 피해가 되지 않도록
신중하게 말하라는 뜻

속을물음

1. 쌀이 뭐지?

2.

3.

4.

5.

✒ 풀이씨를 씨낱말로 짧은 글을 짓는 월 쌓기를 해보자.

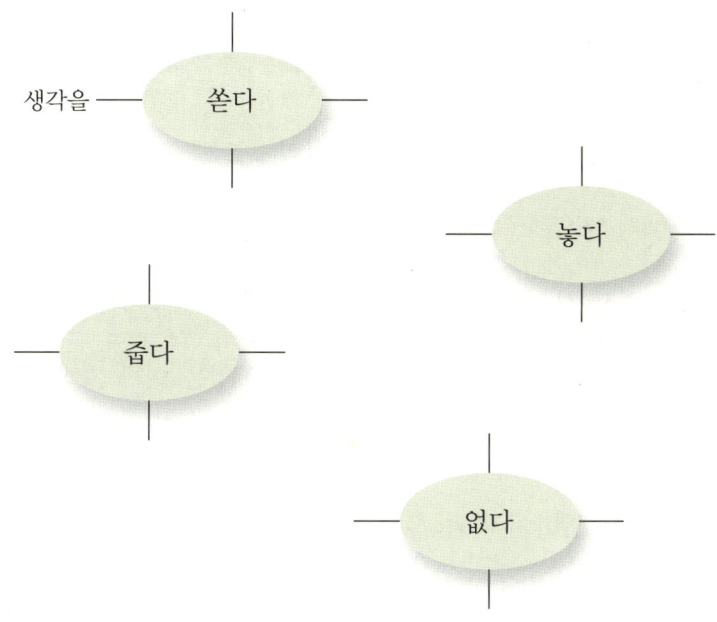

생각을 —— 쏟다
줍다
놓다
없다

🌱 '쌀'을 씨낱말로 우듬지싹을 키워보자. 뭐가 보이나?

쌀

✍ 바탕글을 읽고 풀이말에 밑줄을 긋는다. 그 위에 풀이씨 으뜸꼴을 써 보시오.

> 벼는 인도말 "브리히"를 말밑으로 보고(보다), 나락은 "니바라"를 말밑으로 본다. 쌀은 옛날 인도어인 "사리"가 말밑으로 퉁구스에서 "시라"로 우리나라에서 "쌀"로 준말이다.
>
> 쌀을 돈 주고(주다) 사오는(사다) 것을 쌀 팔아오다고 하는데 이는 말글 뒤바꿈(倒錯) 이적꼴(현상)이다. 곧 낱말이 가지고 있는 여느 뜻과는 한맞섬(정반대)의 뜻으로 쓰이는 경우를 일컫는 말이다. 옛날에는 팔다라는 말이 팔다의 뜻만이 아닌 흥정하다의 뜻으로도 쓰였다. 17세기에는 쌀 팔아 들이다란 말이 쌀을 팔아 돈을 가져오다란 뜻이 아니라 쌀을 흥정해서 집으로 가져오다란 뜻으로 쓰였다. 이처럼 옛날에 쌀을 팔아 들이다로 쓰던 것이 버릇으로 굳어져서 마침내 사다 대신 팔다가 쓰이게 된 것이다.
>
> 쌀 팔아오다는 쌀 사온다는 말과 같은 뜻으로 주로 나이 많은 어른켜에서 쓰고 있는 말이다. 영호남 지방에서는 쌀 팔아오다라는 말이 꽤 많이 쓰이고 있지만, 오늘날의 중부 지방에서는 쌀 사온다가 더 널리 쓰이고 있다.
>
> (뜻도 모르고 자주 쓰는 우리말 사전)

✎ 우듬지싹을 키웠으면 입말이야기(마주이야기)를 써보시오.

마음부터 예뻐지라고 해야지

행복　말이 씨가 된다가 뭐예요?
교사　어떤 말을 자주 하면 그 말처럼 된다는 거야.
행복　그래요? 그럼 말조심을 해야 겠네요.
교사　그렇지. 하지만 좋은 말은 자꾸 하다보면 그것처럼 이루어지기도 해.
행복　정말요? 그럼 나는 얼굴 예뻐지라고 말해야지.
교사　얼굴 예뻐지라고 할려면 먼저 마음부터 예뻐지라고 말해 줘.
행복　아, 맞아요. 마음아 마음아 내 마음아.
　　　예뻐져라 예뻐져라 마음아 예뻐져라.
교사　우리 행복이 마음이 예뻐지면 얼굴은 저절로 예뻐질 거야.
행복　선생님, 어제요. 마주네 집에 가서 놀았는데 제가 그만 마주한테 욕을 했어요. 나도 모르게요.
교사　뭐라고 했는데?
행복　마주 너 나쁜 가시내라고요. 왜냐면 마주가 자기네 집이라고 뭐 함부로 만져보지 못하게 하길래 약이 올랐어요.
교사　아휴 그랬어?
행복　그래서 홧김에 마주한테 욕하고 나서 후회했어요.
교사　하하. 후회?
행복　생각해보니까 마주가 맞았어요.
　　　제가 마구 만지면 안되잖아요. 남의 물건인데.
교사　그건 그렇지.
행복　그런데 한번 입에서 나온 말이라 어쩌지 못하고 미안하다고만 했어요.
교사　사과했으니 잘 했다. 마주도 이해할거야.
행복　나중에 마주가 나한테 괜찮다고 말해주긴 했어요. 그래도 내 마음이 편하지 않아요.
교사　하하하. 그래서 옛말에 '쏟아 놓은 쌀은 주워 담을 수 있어도 쏟아 놓은 말은 주워 담을 수 없다.'는 말이 있어. 앞으로 조심하면 되지.
행복　네.

070

아는 길도 물어 가라

 뜻풀이

제 아무리 잘 하는 일이라도 많이 생각하여 실패가 없도록 단단히 해야 한다는 뜻

속을물음

1. 길이 뭐지? _____
2. _____
3. _____
4. _____
5. _____

고체가 좋아? 액체가 좋아?

염통   야, 마주야. 너는 고체가 좋아? 액체가 좋아?
마주   ……
염통   너는 음료수가 좋아? 사물함이 좋아?
마주   아이 뭐야. 음 사물함은 꼭 있는 게 좋으니까 사물함이지.
염통   지영이 너는 고체가 좋아? 액체가 좋아?
지영   나는 액체. 딱딱한 고체보단 액체가 좋지.
염통   우히히히히히. 넌 콧물이다.
지영   뭐라고?
염통   마주 너는 코딱지야.
마주,지영   완전 어이없네.
염통   다시 물을게. 너희들은 고체가 좋아? 액체가 좋아?
마주, 지영   됐거든. 다시는 황당한 물음에 대답하나 봐라.
염통   대답 좀 해 봐. 고체가 좋아? 액체가 좋아?
마주   염통아, 그건 별명을 부르는 거니?
염통   대답부터 해. 그러면 말해 줄게.
마주   아까 말했잖아. 나는 고체.
지영   나는 액체.
염통   히히히히. 마주는 코딱지, 지영이는 콧물. 야, 코딱지야. 너는 마음을 좀 부드럽게 쓸려고 애써 봐. 그리고 콧물, 지영이 너 말이야. 너무 이랬다 저랬다 하는 거 아냐?
지영   어떻게 알았어? 나도 내가 변덕이 심해서 힘들어.
마주   정말? 우와, 염통 너 대단한데. 어떻게 그런 걸 아냐?
염통   히히히. 다 아는 방법이 있어. 긍게 나한테 말해서 손해 본 적 있냐?
지영, 마주   참 나. 또 잘난 체 하기는.
염통   아는 길도 물어가랬다. 내가 맞혔잖아. 험험. 이제 또 다른 애들한테 물어보러 가야지. 야, 서지수, 너는 고체가 좋냐? 액체가 좋냐?
마주   염통 쟤는 어떨 땐 좀 도사님 같애.
지영   맞어 맞어. 진짜 좀 그래. 근디 아는 길도 물어가는 건 맞아. 우리 엄마 아빠가 나한테 늘 하는 말이거든.
마주   그래. 무슨 일을 할 때 실수를 덜 하게 되는 거 같아. 집에 가자.

아흔아홉 가진 사람이 하나 가진 사람보고 백 개 채워 달라 한다

돈몬(재산)을 많이 가지면 가질수록 돈몬에 대한 게염(욕심)이 더욱더 크게 생김을 빗대어 이르는 말

숯을물음

1. 돈몬(재산)이 뭐지?
2.
3.
4.
5.

✒️ 풀이씨를 씨낱말로 짧은 글을 짓는 월 쌓기를 해보자.

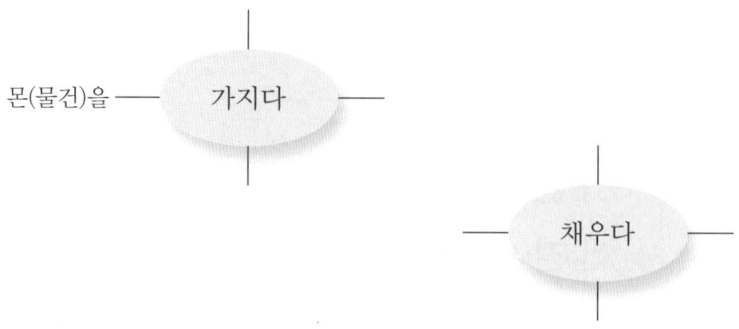

몬(물건)을 ── 가지다

채우다

✌️ 이음씨끝을 가려잡은 도움풀이씨를 넣어 짧은 월을 짓는 월 쌓기를 해보자.

> **도움풀이씨 1**
> 도움풀이씨는 으뜸풀이씨의 독특한 이음씨끝을 가려 잡는다. 흔히 말하는 '아/어·게·지·고' 등 어찌꼴 이음씨끝이나 '는가/ㄴ가·나·ㄹ까·고자·야' 따위와 어울리기도 한다. "먹어 보다/ 마쳐 버리다/ 들어 주다/ 들어 드리다/ 잘 해 내다/ (옷본을) 오려 나가다/ 눈이 회둥그래 가지고 쳐다본다/ 가두어 두다/ 갈아 놓다/ 일러 바치다/ 해 올렸다/ 해 다오/ 해 내다/ 앉아 있다/ 와 계신다/ 받아 왔다/ 써 지다/ 웃어 쌓다/ 못해 먹겠다/ 둔해 터졌다/ 해 치우다/ 골아 떨어지다/ 썩어 빠졌다/ 땅을 파 제꼈다/ 문을 열어 젖히다(이상 아·어).
> [말글찻집] 도움토 부려쓰기 / 최인호 /한겨레말글연구소장

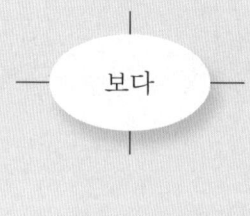

── 보다 ──

🌱 '돈몬'을 씨낱말로 우듬지싹을 키워보자. 뭐가 보이나?

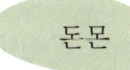

✏️ 우듬지싹을 키웠으면 입말이야기(마주이야기)를 써 보시오.

들어봤어

송이   우리 이모 할머니는 일본군에 강제로 끌려갔었대.
봄비   강제로 끌려가셔?
송이   응. 나랑 동갑일 때 일본군들이 데려갔다는 거야.
봄비   왜?
송이   너 위안부라고 들어봤어?
봄비   응 들어보긴 했지. 아, 맞다. 성노예.
      전쟁을 하는 일본 군인들을 위해 한국, 중국, 대만, 말레이시아, 필리핀 같은 나라의 여성들을 전쟁터로 데리고 갔다고 들었어.
송이   그래. 아휴, 무서워. 우리만 할 때 이모 할머니는 끌려가신 거야. 안 끌려가려면 혼인을 했어야 하는데 혼인을 하기에는 나이가 너무 어리잖아. 그런데 무조건 끌고 갔다는 거야.
봄비   우리 나이 때 말이지.
송이   응. 그런데 우리 이모 할머니는 그걸 부끄럽게 여기지 않고 많은 사람들에게 그 사실을 알리고 다니셨어. 그러다가 돌아가신 거야. 평생 아무하고도 혼인을 안 하셨거든. 아니 안한 게 아니라 못한 거라고 들었어. 불쌍하지?
봄비   그러네. 일본은 우리나라 독도를 자기네 땅이라고 우기고 있잖아. 아휴 정말 일본은 너무 욕심장이 같아.
송이   맞아맞아. 위안부 문제도 미안하다고 안하잖아.
      할머니들이 일본 가서 사과를 요구했었거든.
      그래도 겉으로만 미안한 척 하는 거 같았어.
봄비   그러게. 가지면 더 가지고 싶다잖아.
      송이야, 너랑 나랑의 우정은 영원히 변치말자.
송이   그래그래. 네가 있어서 정말 좋아.

앞에서 꼬리치는 개가 뒤에서 발꿈치 문다

앞에 와서 좋은 말만 하고 살살 사날(비위)을 맞추기에 바쁜 사람일수록 보이지 않는 데서는 흉을 보고 헐뜯음을 빗대어 이르는 말.

속을물음

1. 사날의 뜻은?
2.
3.
4.
5.

아침에는 날씨가 좋드만

엄마   야아, 오늘 날씨 엄청나게 좋을랑갑다.
       아침부터 하늘이 진짜 파랗다.
우산   진짜네 엄마, 하늘이 완전 맑어. 꼭 파란 바닷물이 잔잔하게 흐르는 거 같아. 어, 뭉개구름도 둥실둥실 떴네. 와, 진짜 날씨 좋다.
엄마   오랜만에 기분 좋은 날씨를 보는 거 같애.
       날마다 비가 와서 우리 우산이 운동장에서 체육도 못했댔잖아. 오늘은 해도 되겠다.
우산   응. 맞아 엄마. 맨날 비오는 바람에 체육을 계속 미뤘어.
엄마   우산아, 오늘은 맘껏 운동장에서 뛰어 놀아라.
우산   네에.

(학교에서)
우산   어, 뭐야아. 아침에는 날씨가 그렇게 좋드만 왜 이리 캄캄해지는 거야. 먹구름이 꽉 꼈네.
장수   우산아, 오늘 오후에 비 온다는 말 못 들었어?
우산   야, 그랬냐? 큰일 났네. 난 우산도 안 가져 왔는데.
장수   나랑 같이 받고 가.
       오늘 오후에 비 온다는 말 듣고 우산 챙겨왔거든.
우산   나는 아침에 하두 날씨가 좋아서 그냥 왔어.
       어 진짜네. 비가 후두둑 떨어진다.
장수   하하, 완전 요즘 날씨는 속임수가 많다니까. 앞에서 꼬리치는 개가 뒤에서 발꿈치 무는 식이야. 아침엔 좋았다가 꼭 점심때나 오후가 되면 비가 오거나 바람이 불잖아. 우리나라도 아열대 기후로 바뀌고 있대.
우산   맞아. 나도 들었어.

얌전한 고양이가 부뚜막에 먼저 올라간다

겉보기에는 삼가는 것처럼 보여도 그 속은 오히려 엉큼한 것을 일컫는 말

속을물음

1. 고양이가 사는 곳은?
2.
3.
4.
5.

✍ 풀이씨를 씨낱말로 짧은 글을 짓는 월 쌓기를 해보자.

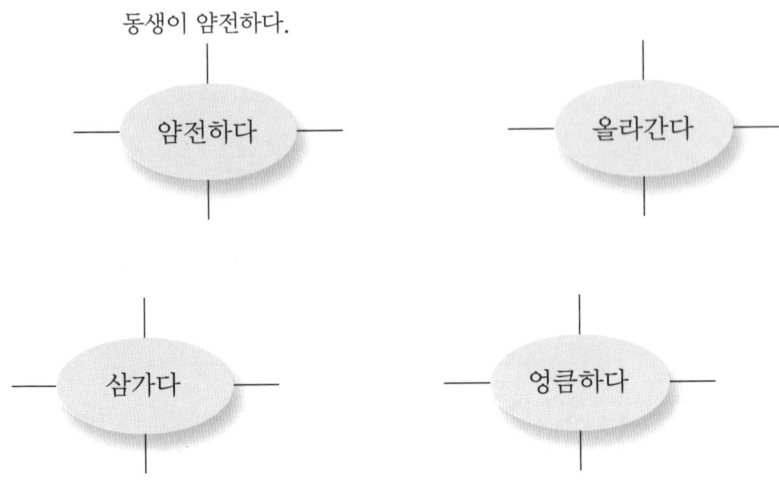

✍ 이음씨끝(연결어미)을 부려 짧은 월을 짓는 월 쌓기를 해보자.

* 이음씨끝 '고·며·면서·자·다'(벌임·대등), '든·든지·든가·거나·으나 …'(가림·선택)들을 부려 쓴다.

[말글찻집] 도움토 부려쓰기 / 최인호 /한겨레말글연구소장

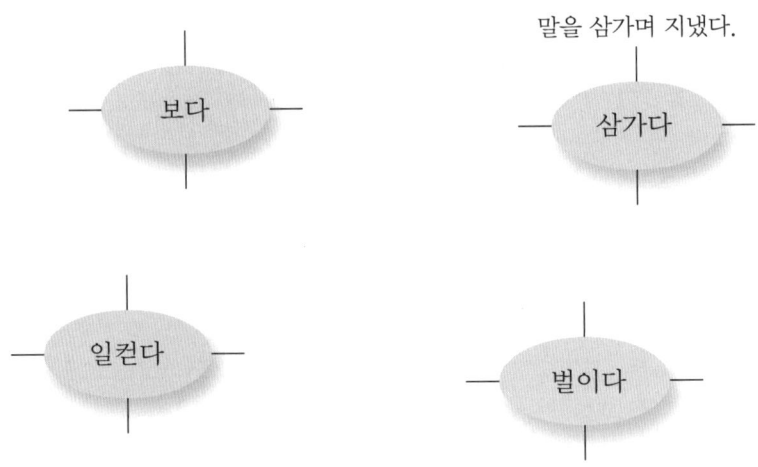

✒ '얌전한 고양이가 부뚜막에 먼저 올라간다.'란 삶품말 뜻이 담긴 일을 아홉 난 그림담(만화)으로 그려봅시다.

✒ 그림담을 그렸으면 삶품말을 넣은 글월(편지)을 써 보시오.

박삼겹도 삼겹살 먹어

행복 아후 맛있다. 지글지글, 오글오글, 부글부글
      히히 야들야들, 부들부들, 오들오들……
엄마 행복아, 뭘 그렇게 혼자 중얼거려?
행복 오늘 저녁 삼겹살이 정말 맛있다는 말이야.
      지글지글, 오글오글, 야들야들, 부들부들, 오들오들.
엄마 우리 행복이가 맛있다고 잘 먹으니까 기분 좋네.
행복 엄마, 우리 반 박삼겹 있잖아.
      그 애는 자기는 절대로 삼겹살은 안 먹는대.
      근디 왜 자기는 그렇게 삼겹살인지 모르겠어.
엄마 못써. 삼겹살이 뭐야아?
      이름을 불러야지. 박영진이라고 불러 줘.
행복 히히. 그러게. 그래도 박영진보다 박삼겹이 입에 익었어.
      박삼겹은 맨날 자기는 삼겹살은 절대로 안 먹는다고
      큰소리 치면서 자기 몸은 왜 삼겹으로 만들어 놓냐고.
엄마 행복아, 다른 사람의 약점을 놀리는 건 나빠요.
행복 삼겹이도 삼겹살을 우리 몰래 먹는 거겠지.
      말로만 안 먹는 척 하고 분명히 삼겹살을 좋아할 거야.
      애들이 봤대. 영수랑, 염통이랑 마주……
      박삼겹이 삼겹살 먹는 거 본 애들이 많거든.
엄마 그래도 사람의 몸매를 갖고 그렇게 놀리면 못 쓰는 거야.
      알았어?
행복 알았어요.

074

양지가 음지 되고 음지가 양지 된다

 운이 나쁜 사람도 좋은 수를 만날 수 있고 운이 좋은 사람도 늘 좋기만 하는 것이 아니라 어려운 때가 있다는 말로, 세상사는 늘 돌고 돈다는 말

속을물음

1. 볕빋이(양지) 의 뜻이 뭐지?
2.
3.
4.
5.

삶품말_74 마주이야기

한말글이 때를 만난 것 같아

양지   열달(10월) 초아흐레날(9일)이 한글날이잖아.
음지   응 맞아.
양지   우리 학교에서는 한글날 행사를 세종대왕이 만든 한글 다시 보기 공부를 했다. 근디 우리 한글이 그렇게 좋은 글자인지 처음 알았어.
음지   좋은 글자라고? 어떻게?
양지   중국 한자는 뜻글자잖아. 우리 한글은 소리글자이고.
      한자말은 눈으로 글자를 봐야만 뜻을 확실하게 알 수 있대. 그런데 우리말은 말만 들어도 소리와 뜻을 같이 알 수 있다는 거여. 한자말은 소리와 뜻이 딴 몸인데 소리글자로 나타낸 우리말은 소리와 뜻이 한 몸이라 바로 알 수 있다는 거야.
음지   아, 그렇구나.
양지   영어도 소리글자이긴 한데 또 우리 한글과 다른 것은 닿소리 홀소리가 우리 것 보다 많다는 거야. 거기에 우리는 모아쓰기인데 영어는 펼쳐 쓰기를 하고 있잖아. 그래서 한글은 빨리 읽을 수 있기 때문에 이해가 훨씬 빠르다는 거지.
음지   아, 그래? 이해된다.
양지   더구나 전자말이 발달하면서 손전화, 컴퓨터가 나왔잖아. 한자말이나 영어보다 우리말이 빠르게 소통할 수 있는 힘을 가지고 있다는 걸 알은 거야. 닿소리 홀소리의 숫자가 영어나 한자말보다 훨씬 적게 들어가도 속살은 더 넉넉하게 드러낼 수 있다는 거지. 그래서 지금은 많은 온누리안 사람들이 우리 한글에 볼맘(관심)을 갖게 됐다는 거야.
음지   아, 그렇구나.
양지   세종대왕님은 정말 훌륭하신 분이야. 그 뒷사람인 나도 줏대맘(자부심)이 생겨. 한글을 암클이라고 들볶기(구박)도 하고 한자말과 영어에 밀려나기도 했었는데 이제 한말글이 때를 만난 것 같아.
음지   맞어 맞어. 나도 그렇게 생각해.

열 번 찍어 안 넘어가는 나무 없다

 뜻풀이

어떤 일을 멈추지 않고 꾸준하게 애쓰면
하고자 하는 일을 이룰 수 있다는 말

속을물음

1. 뭐로 찍지?
2.
3.
4.
5.

✏️ 풀이씨를 씨낱말로 짧은 글을 짓는 월 쌓기를 해보자.

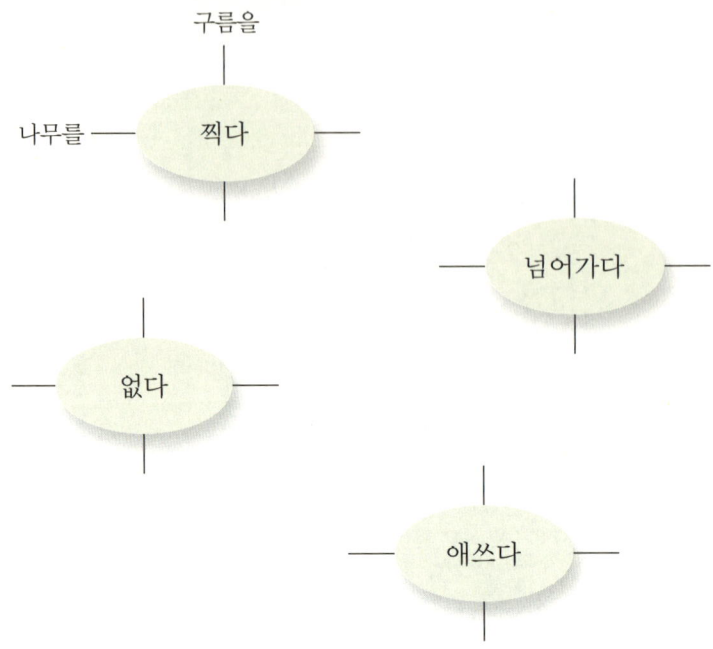

🌱 우듬지싹을 키워보자. 뭐가 보이나?

가리고 별이기 1

말을 이어갈 때 이음토 '와·과·랑·하고 …', 이음씨끝 '고·며·면서·자·다'(벌임·대등), '든·든지·든가·거나·으나 …'(가림·선택)들을 부려 쓴다. 열 살 안팎이면 자연스레 익혀 쓰는 말이다. 여기에 도움토를 붙여서 뜻을 강조하*거나 한정해 쓰는 방식도 초등학교 고학년이면 알게 된다. 그만큼 기본적인 얼개를 만드는 말본말인 까닭이다.

그런데, 어른이 되어서는 왠지 이런 바탕 말들에서 멀어져 딱딱하기 그지없는 글을 쓰고 말을 하는 이들이 늘어난다. 연유가 뭘까? 주로 전문어·한자말, 외국어 영향에다 제대로 말하고 글쓰는 훈련을 게을리 한 데서 오지 싶다.

이음씨끝을 활용하여 앞뒷마디가 이어진 월은 겹월 곧 복문을 이룬다. 대체로 두 일 가운데 하나를 가려잡는 말에 "든 ~(든), 든지 ~(든지), 든가 ~(든가), 거나 ~(거나), 건 ~(건), 으나 ~(으나) "들이 있다. 이는 앞마디와 뒷마디 사이, 또는 앞마디 안에서 가려잡는다. 앞뒷마디의 관계에 따라 세 가지 짜임새가 있다.(찻집에 앉아 차를 마시거나 잡담을 한다./ 좋으나 싫으나 이젠 다 결정된 일이다./ 비오는 날 방안에서 혼자 책을 뒤적이거나 그냥 누워 뒹구는 것도 괜찮은 노릇이다.)
여기서, '어느·어디·무슨·아무·어떤·누구' 같은 말이 나오면 이음씨끝을 되풀이하지 않는다.(어느 나라에서 살든지 인간은 그 나라의 규범을 따라야 한다. 무엇을 그리든지 잘만 그려라)

최인호/한겨레말글연구소장

➢ 우듬지싹을 키웠으면 십자말풀이를 만들어 보시오.

벼름소

➪ 가로 길잡이

1.

3.

5.

7.

♡ 세로 길잡이

2.

4.

6.

8.

퉁맞으면서도

마주   엄마 엄마, 엄마한테 듣고 싶은 이야기가 있어.
엄마   뭔데?
마주   엄마랑 아빠랑 어떻게 혼인했는지 궁금해.
엄마   하하, 우리 마주가 6학년이 되더니 이제 별걸 다 궁금해 하네.
마주   빨랑 이야기 해 줘요. 어떻게 혼인했어? 연애야 중신이야?
엄마   글쎄…… 연애도 아니고 중신도 아니야.
마주   뭐 그런 말이 어딨어? 그럼 엄마는 아빠를 사랑해서 혼인한 거야?
엄마   글쎄.
마주   왜 엄마는 글쎄라고만 해. 궁금해 죽겠네.
엄마   잘 모르고 혼인했으니까. 사랑했는지 안했는지 모르겠어.
마주   그런 애매한 대답이 어딨어? 엄마는 아빠 사랑 안한 거야?
          에이, 아빠한테 물어봐야지. 아빠! 아빠는 엄마를 사랑했어요?
아빠   그걸 말이라고 해? 당연하지.
마주   음. 엄마는 대답을 못하는데 그럼 엄마는 아빠를 안 사랑했나?
아빠   하하하, 마주야. 그게 아니고. 사실은 내가 엄마를 좋아해서 부지런히 따라다녔거든. 맨날 엄마한테 퉁맞으면서도 아빠가 그만두지 않고 계속 엄마한테 사랑한다고 말했어.
엄마   (빙그레)
아빠   엄마한테 모른 체하고 안 만나 주기도 했는데 그래도 아빠는 계속 엄마를 쫓아 다녔지. 한마디로 엄마는 내가 열 번 찍어 넘어 온거야. 그리고 지금까지 아빠가 한 일 가운데 엄마와 혼인 한 것이 가장 잘 한 일이라고 생각하고 있어.
마주   하하하, 정말요?
엄마   저이는……애 앞에서 못하는 말이 없어. 마주야. 하긴 맞긴 맞는 말이다. 나는 처음엔 너희 아빠 같은 사람한테 볼맘을 갖지 않았으니까. 아빠가 열 번 넘게 찍지 않았다면 엄마랑 혼인 못했을 거야.
마주   나도 아빠 같은 남자랑 혼인해야지.
다같이   하하하. 하하하.

오르지 못할 나무는 쳐다보지도 말아라

제몸의 씨힘(능력) 밖이라 할 수 없는 일에 대해서는 처음부터 게염(욕심)을 내지 않는 것이 좋다는 말

솟을물음

1. 쳐다보면 어떻게 되지?
2.
3.
4.
5.

맨날 기만 죽여

혜진   어, 엄마 오실 때가 됐네. 혜랑아, 엄마 마중가자.
혜랑   응 누나.
혜진   주차장에서 기다리자. 엄마 곧 오실 거니까. 아휴 심심해. 줄넘기나 할까?
혜랑   그래. 누나.
혜진   하나 둘 셋 넷……아흔아홉 백……백아흔아홉, 이백. 와 드디어 이백 개 했다. 아이 뭐야. 그래도 엄마가 안 오잖아.
혜랑   누나 잘 한다.
혜진   또 줄넘기나 해야겠다. 하나 둘 ……이백구십구, 삼백.
혜랑   어, 엄마다. 누나 엄마 차야.
혜진, 혜랑   엄마아!
엄마   ……
혜진   엄마아, 이제 오세요? 우리 엄마 기다리고 있었어.
엄마   어, 그랬어? 위험한데 뭐하러 나왔어?
혜진   그래도 엄마가 보고 싶으니깐. 엄마, 나 엄마 기다리면서 줄넘기 삼백 개 했다.
혜랑   맞아 엄마. 누나가 삼백 개 했어.
혜진   엄마, 한번만 봐봐요. 내가 또 줄넘기 보여줄게. 하나 둘 셋……마흔아홉, 쉰. 아이구 숨차다. 이제 그만 해야지. 삼백오십 개 했어 엄마.
엄마   야, 삼백오십 개 하고 뭘 그리 자랑이라고 떠드냐? 아휴, 시끄럽게 시리. 엄마는 너 만할 때 오백 개도 바로 했어.
혜진   오백 개? 칫 엄마는 맨날 저러면서 나를 기죽이더라.
엄마   그러니까 더 애써보란 뜻이야. 오르지 못할 나무는 쳐다보지도 말라지만 지금은 부지런히 쳐다봐야 오를 수도 있는 거니까.
혜진   하여간 우리 엄마는 말은 잘 해요.
엄마   요 녀석이 엄마 말을 우습게 아네.
혜진   우습게 알긴. 가슴 벅차서 그러지. 오백 개, 겨뤄봐야지.
엄마   어서 집에 가자 애들아.
혜진, 혜랑   네.

가리고 벌이기 2

두 일을 겹쳐서 늘어놓을 때 쓰는 벌임씨끝에 "고/오, 고서, 어/아, 어서/아서 △으며, 으면서, 을뿐더러 △기는커녕/ㄴ커녕, 기는새로에/기는새려 △자(마자), 다(가)(이상은 앞뒷마디에서 겹침)가 있고, 앞마디에서 되풀이되는 이음씨끝으로 "으며 ~으며, 으명 ~으명, 고 ~고, 으랴 ~으랴, 다(가) ~다(가), 으니 ~으니, 느니 ~느니, 거니 ~거니"들이 쓰인다. 앞마디에서 이런저런 일을 수다스럽게 되풀이한 상태로 뒷마디에 이어지게 만드는 말들이다.

이처럼 겹치기로 늘어놓아 맞섬월 곧 대등문을 만드는데, 늘어놓는 말의 관계가 앞뒤 구별 없이 한때(동시) 일어나느냐, 차례로 벌이느냐(순차)에 따라 앞뒷마디의 딸림(제약)과 맞섬(대등)의 강도가 달라지기도 한다. 예컨대 '으면서'는 겹으로 들춘 움직임·상태가 동시에 남을 나타내는 구실을 하는 말이다.(그는 이발을 하면서 라디오도 듣고 신문도 보고 얘기도 나눴다) 가림씨끝을 선택접속소, 벌임씨끝을 병렬·대등접속소라고도 한다.

한때벌임은 앞뒤 말차례를 바꿔도 상관이 없는데, 씨끝에 도움토를 붙이면 앞뒷마디를 옮기기가 어렵다.(뻔히 알면서도 짐짓 모른 체한다, 그 꽃은 불그스름하면서도 보랏빛을 띤다) 도움토를 붙이면 뜻을 강조하거나 정밀히 하는 효과가 나타난다.(으면서는·으면서도·으면서부터·으면서까지/고는·고도·고야·고부터·고서는·고서도·고서야·고서부터·고서라도·고설랑은)

한편, "가다 서다, 먹자마자·닿자마자·가자마자, 오다가다, 사고팔고, 울며불며·울고불고, 높으나 높은, 높고 높은, 크나큰, 싫다느니 좋다느니, 권커니 잣거니, 주고받다, 주거니 받거니, 옳이 글니, 믿거나 말거나, 싫든 좋든, 이랬다 저랬다, 일하랴 공부하랴, 오명가명 …처럼 가림·벌임씨끝들이 붙어서 된 낱말이나 이은말들이 많아진 것도 우리가 이를 무척 자주 부려 쓴 끝에 나온 말들임을 알 수 있다.

'기는커녕/기는새로에'는 '기는'에 도움토 '커녕'을 붙인 말인데(하늘이 맑기는커녕 소나기가 올 것 같다./주기는새로에 빼앗는다) 씨끝으로 보기도 하고 토씨로 보기도 한다. 이처럼 씨끝과 토씨 노릇을 두루 하는 말이 적잖다. '면서'는 '라면서·으면서·자면서·다면서'처럼 여러 표지에 붙어 동작·상태가 한때임을 나타내는데, '-라고 하면서, -자고 하면서, -다고 하면서'들이 줄어서 된 말로 본다.

낱낱이 따지면 어지럽지만 이 정도를 분별하지 못하는 이는 없다. 학교 글쓰기에서 이런 바탕 말들을 적극적으로 부려쓰는 훈련이 뒤따른다면 실제 글들이 한층 자연스럽고 글다워질 터이다.

최인호/한겨레말글연구소장

077

옷이 날개다

꾸미는 것에 따라서 사람이 달라 보일 수 있다는 뜻

속을물음

1. 무엇을 꾸미지?
2.
3.
4.
5.

✏️ 풀이씨를 씨낱말로 짧은 글을 짓는 월 쌓기를 해보자. 뭐가 나오나?

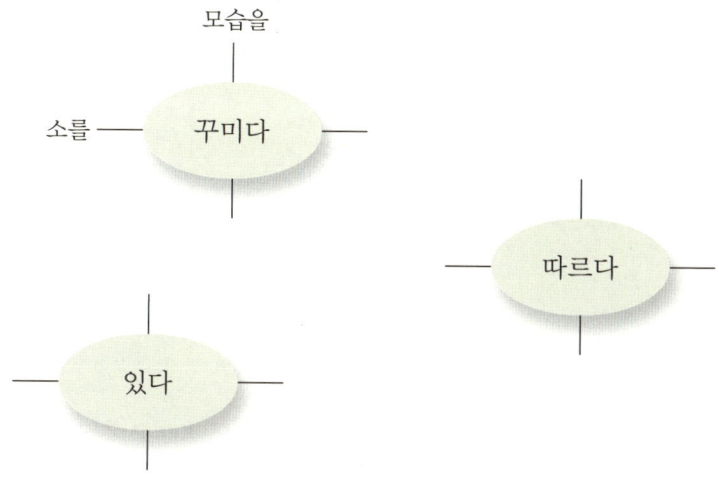

✏️ 이음씨끝을 가려잡은 도움풀이씨를 넣어 짧은 월을 짓는 월 쌓기를 해보자.

도움풀이씨 2
도움풀이씨는 으뜸풀이씨의 독특한 이음씨끝을 가려 잡는다. 흔히 말하는 '아/어·게·지·고' 등 어찌꼴 이음씨끝이나 '는가/ㄴ가·나·ㄹ까·고자·야' 따위와 어울리기도 한다. "가게 하다/ 가게 되다(이상 게) 속이지 아니하다/ 일을 하지 못하다/ 졸지 말라/ 가지 않고 오지 않노라(이상 지), 일을 하고 있다/ 이야기를 하고 계시다/ 일하고 싶다/ 끝내고 나니까/ 떠나고 싶어 하다/ 가고파하다/ 살고 지고(이상 고), 가야 하다/ 가고자 하다, 갈까 한다(기타) [말글찾집] 도움토 부려쓰기 / 최인호 /한겨레말글연구소장

🌱 우듬지싹을 키우면 꼬리에 꼬리를 무는 생각씨 줄기말이 자라지.

옷

➣ 우듬지싹을 살펴보고, '옷'이 밑감인 빛깔과 모습과 자취가 드러나는 일을 아홉 난 그림담을 그리시오.

대단한 부부셔

날개   엄마, 나 어때?(빙그르르)
엄마   우와, 우리 날개 몰라보겠네.
날개   히히. 엄마, 오늘 나 학교에서 탈 만든 거야.
엄마   우리 날개가 나는 이쁜 새악시가 된 줄 알았네.
날개   히히. 엄마, 이걸 각시탈이라고 한대.
엄마   아 그렇구나. 그래서 이렇게 연지곤지를 찍었나 보네.
날개   응. 어? 그런데 엄마는 왜 이렇게 차려입었어?
엄마   응. 오늘 아빠가 엄마 생일이라고 나오래.
        이거 지난해 아빠가 내 혼인 선물로 해주신 옷이야.
날개   와, 우리 아빠 멋지다. 혼인 선물로 이런 옷을 다 해주시고.
        사람은 옷이 날개라더니 우리 엄마가 딴 사람이 됐네.
엄마   그래? 내가 누구 같은데?
날개   음 탤런트 김자옥 아줌마. 또 김태희나 손담비?……
엄마   호호호호. 너무 잘 봐주는 거 아니야?
날개   진짜야. 엄마 피부가 이렇게 뽀얀 줄 몰랐어.
        거기에 이렇게 드레스처럼 생긴 옷을 입으니까 꼭 김자옥 아줌마
        가 지붕뚫고 하이킥에 나온 이순재 아저씨와 혼인할 때 모습 같아.
엄마   야 무슨. 거기는 완전 백조 같았지만 엄마는 아니야.
        약간 드레스풍의 옷일 뿐인데 너 너무 엄마를 김자옥에 견주는 거
        아니야?
날개   그만큼 엄마가 이쁘다는 뜻이야.
엄마   하하, 그래? 고마워.
날개   엄마, 근디 이 옷 입고 정말로 밖에 나갈거야?
엄마   그럼. 아빠가 기분 좋아 할 텐데 입고 나가야지.
날개   대단한 부부셔. 우리 엄마 아빠 진짜 못 말린다니까.

078

웃는 낯에 침 뱉으랴

웃는 낯으로 대하는 사람에게 침을 뱉을 수 없다는 뜻으로, 좋게 대하는 사람에게 나쁘게 대할 수 없다는 말

속을물음

1. 침을 왜 뱉지?

2.

3.

4.

5.

아프게 하지 마세요

정현 으 삭은니 나음손(치료) 해야 해. 무서워. 아프겠지.
의사 어서 오너라. 어디 보자. 이리 와서 앉아 봐.
정현 아 아 무서워요. 아프게 하지 마세요.
의사 녀석! 엄살이 심하구나.
정현 칫, 엄살 아니에요. 야릇한 연장을 가져오니까 무섭단 말이에요. 나 무서움 많이 탄단 말예요. 으으으. 아아아.
의사 하하, 걱정 마라. 안 아프게 해 줄 테니 나를 믿어. 너 말 안 들으면 곳집(창고)에서 밧줄 꺼내 와서 묶어놓고 나음손쓴다.
정현 뭐라고요? 밧줄? 맘대로 하세요.
의사 너 밧줄도 안 무섭구나. 그러면 마취주사를 놓아야겠다.
정현 아아, 안돼요. 마취주사 싫어. 얼숨(정신) 바짝 차려야겠네. 의사선생님, 됐죠? 안 아프게 해 주세요.
의사 하하하, 정현이가 그렇게 웃으면서 부니를 떠니 안 아프게 해 줄게. 걱정 마라.

위잉 위잉 삐삐삐.
간호사 정현아, 아 해 봐. (칙칙칙칙, 쉬이이이익)
정현 '물도 뿌리고 바람도 부네. 근데 왜 이리 시원하지?
간호사 정현아, 하나도 안 아프지?
정현 네. 이상해요. 왜 안 아프지? 예전에는 이 치료 한다면 무서워서 달아났는데.
의사 하하하, 네 녀석 달아나서 아저씨가 애를 먹었어. 울면서 벌벌 떨기도 했잖아.
정현 그럼 오늘은 내가 안 달아나서 안 아프게 해 준거예요?
의사 그렇지. 우리 정현이가 이제 아주 의젓해졌더라. 내일도 또 와야 돼. 삭은니 나음손 더 받아야 되니깐. 이를 잘 닦아야 한다.
정현 네. 알겠어요.

079

원수는 외나무다리에서 만난다

남에게 나쁜 일을 하면 그 허물(죄)를 받을 때가 반드시 온다는 말

속을물음

1. 외나무다리의 모습은?

2.

3.

4.

5.

✏️ 풀이씨를 씨낱말로 짧은 글을 짓는 월 쌓기를 해보자.

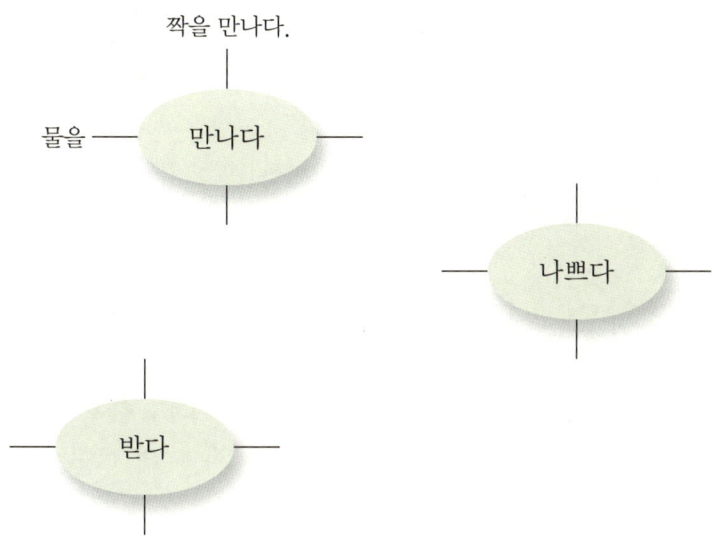

✏️ 물음월 씨끝바꿈이 있는 짧은 월을 짓는 월 쌓기를 해보자.

▷가난이 원수 → 가난
가난하기 때문에 애꿎은 때일이나 아픔을 입게 되니 가난이 원수같이 느껴진다는 말.

▷밤 잔 원수 없고 날 샌 은혜 없다 → 밤
밤을 자고 나면 원수같이 여기던 맘느낌은 풀리고 날을 새우고 나면 은혜에 대한 고마운 맘느낌이 식어진다는 뜻으로, 은혜나 맺힌맘(원한)은 날짜가 지나면 쉬이 잊게 됨을 빗대어 이르는 말.

▷나이가 원수 → 나이
당길맘(욕망)은 크나 나이가 너무 들어서 마음뿐임을 이르는 말.

▷입이 원수 → 입
1. 벌어먹고 살기 위하여 괴로운 일이나 아니꼬운 일이라도 참아야 하는 때일(경우)을 이르는 말. 2. 말을 잘못하여 언걸(화)를 입게 됨을 이르는 말.

▷고마움(은혜)를 원수로 갚는다. → 은혜
고마움을 고마움으로 되갚을 자리에 도리어 언걸(해)을 끼침을 이르는 말.

🌱 우듬지싹을 키워보자. 뭐가 보이나?

외나무 다리

매미를 사마귀가

교사   아니 모자를 뭘로 그렇게 꾸몄어? 와! 멋있다.
정현   이거요? 알아 맞혀 보세요.
교사   하하, 이거 매미 허물이잖아.
정현   놀이터에 갔는데요. 매미 허물이 엄청 많았어요. 그걸로 모자에 수 놓은 거예요.
교사   하하 그러네. 근데 정말 이쁘다.
정현   그죠 그죠 선생님. 매미 허물로 이렇게 만든 거라니까요.
교사   우리 정현이는 매미허물을 갖고 완전 모자 무늬놀(디자인)을 했구만.
정현   선생님, 근데요. 엊그제 장수에 갔는데요. 거기 할아버지 동네에도 매미 허물이 많았어요. 근디 매미를 사마귀가 잡아먹는 걸 봤어요. 그거 보고 완전 놀랐잖아요. 나무에 붙어있던 매미가 사마귀한테 꼼짝을 못해요.
교사   왜에?
정현   사마귀가 매미를 먹어요. 으으. 무서워.
교사   원래 매미의 숨앗이(천적)는 사마귀, 거미, 말벌이야. 여름에 그렇게 아름답게 노래를 부르는 매미도 그것들을 만나면 잡아먹히게 되는 거야.
정현   너무 불쌍해요. 선생님.

자라 보고 놀란 가슴 솥뚜껑 보고 놀란다

 뜻풀이

어떤 일몬(사물)에 몹시 놀란 사람은 비슷한 일몬만 보아도 겁을 냄을 이르는 말

속을물음

1. 자라 생김새는?
2.
3.
4.
5.

뱀이 싫어

송이   엄마, 나는 뱀이 정말 싫어.
엄마   뱀이 싫어? 왜?
예지   언니, 나는 뱀이 귀엽기만 하더만.
엄마   송이는 왜 뱀이 싫은지 말해 봐.
송이   징그럽잖아. 생긴 것도 그렇고 보기만 해도 끔찍해. 우우, 징그러워. 그냥 싫어. 광주 패밀리랜드 갔을 때 뱀 전시관에 나는 아예 안 갔잖아.
예지   나는 패밀리랜드 또 가고 싶다. 온갖 뱀들이 다 있었는데.
        엄마, 이상하게 나는 뱀만 보면 좋은데.
송이   네가 뱀띠라서 그런가? 암튼 난 뱀은 싫어. 논에 물뱀도 싫고 꽃뱀은 더 징그러워. 독사는 무서워. 구렁이도 그래. 검정 등에 노랑배가 왠지 싫어.
엄마   엄마가 초등학교 다닐 때는 읍내까지 십리정도 되는 길을 걸어 다녔거든. 그때 진안에서 무주 가는 길을 새로 냈어. 산이 있는데 거기서 뱀들이 내려와서 깔려 죽은 거야. 한 발짝만 떼도 뱀이 죽어있어. 그걸 하도 많이 봐서 엄마도 뱀이 싫어.
예지   그래? 엄마랑 송이언니는 똑같네. 나는 뱀 보면 친근감이 생기고 키우고 싶어지는데.
송이   까얔, 야아, 키우고 싶다고? 아휴 그런 말 하지 마라. 잉.

(학교를 다녀온 송이)

송이   아아아아악, 저게 뭐야 엄마. 아아 배배뱀이야. 엄마, 방에 뱀이 있어.
엄마   뭐 뭐 뭐 뱀이라고?
송이   으응. 채 책상위에 뱀이 따리를 틀고 있어. 엄마. 이리 와 보세요.
엄마   송이야. 침착해. 저건 진짜 뱀이 아니고 예지가 헝겊으로 만든 뱀이야. 어제 내내 뱀을 만들었거든.
송이   휴우! 진짜? 나는 진짜 뱀인 줄 알고 깜짝 놀랐네.
        예지는 무슨 뱀을 다 만들었대. 아휴 놀라라.

자리토씨가 뭐지?

씨(품사) 가운데 쉽게 그릇에 쓸어담을 수 있는 말이 토씨다. 그러나 학자 따라 갈래를 달리 잡아 헷갈림이 적잖다. 꼴·구실·뜻 가운데 토씨는 본디 뜻이 없으므로 거의 꼴과 구실로만 따진다.

〈표준국어대사전〉에는 토씨 357가지(북녘말 4, 사투리 96, 옛말 87, 기타 19, 표준말 151), 씨끝 2526가지(북녘말 22, 사투리 341, 옛말 1364, 기타 94, 표준말 705)가 실렸다고 한다. 허웅은 〈20세기 우리말 형태론〉에서 토씨를 124, 씨끝을 466가지 안팎으로 잡았다. 〈새한글사전〉에는 토씨 119, 씨끝 481가지가 올랐다. 대체로 토씨가 씨끝의 4분의 1 정도인데, 씨끝이 말의 가온(중심)인 풀이씨를 부려쓰는(활용) 말로서 여러모꼴(다양한)로 늘품(발전)했음을 알 수 있다.

허웅은 토씨를, 풀이말에 몸소결(직접)로 이끌리게 하는 자리토, 풀이말에 건너결(간접)로 이끌리게 하는 이음토, 월 밖에 놓이는 홀로토, 여러모꼴 감목(자격)을 지니면서 뜻을 힘주는 도움토, 여줄가리 마디에 붙는 남다름토(특수조사)로 나눈바 있다. 여기서 자리토, 곧 격조사 다섯(임자토·부림토·곳자리(위치)토·구실(방편)토·견줌토)은 저마다 붙은 말을 자리말(임자말·부림말·곳자리(위치)말·구실(방편)말·견줌말)로 만들며, 이음토는 이음말(매김말·맞선말), 홀로토 곧 부름토는 홀로말(독립어) 감목(자격)을 지니도록 한다. 자리토를 간추려 보자.

가/이·(에)서·이라서/이라사·께서·께옵서/께오서(임자토), 을/를/ㄹ(부림토), 에·(에)서·(에)게로·께·께서·께로·한테·한테서·한테로·(을)더러(위치토), 으로·으로서·으로써·치고(방편토), 과/와·하고·보다·보담·처럼·마냥·이랑·이나·에서·마따나(견줌토)

흔히 임자토로 알고 있는 '은/는'은 도움토(보조사)로 치며, '이/가/는/를'까지 서양말의 관사에 견주어 '한정사'로 보는 학자도 있다. 도움토는 여러 자리토로도 쓸 수 있고, 뜻을 보태주기도 한다. '의'(매김토)

는 학교문법에서는 관형격조사라 하는데, 풀이말에 건너걸로 이어진 다는 곳(점)에서 자리토에서 제외했다. 또 위치토를 후치사(명사구에 붙음)라기도 한다. 후치사는 명사구에 붙어서 이를 어찌말로 만드는데, 학교문법에서는 '부사격조사'라고 한다.

토씨는 이름씨에 붙는 게 일반적이나 있음새(실제)로는 위치를 가리지 않으면서 저마다 솟티(독특)한 구실을 한다. "빨리빨리가 다는 아니다, 넓게가 아니라 깊게 파라, 자주는 못 봐도, 잘은 몰라도"(어찌씨에), "골이 패어만 간다, 지금까지는 어렵게나마 버텨 왔지만, 눈물을 훔치고는 고개를 돌렸다"(풀이씨 끝바꿈꼴에), "잘하고 못하고가 있소, 잘못된 까닭이 어디에 있는지를 생각해 본 적이 있소?"(이은말·마디에), "내일 비가 온다고 합디다, 선생님이 어서 집에 가라고 하시더라"(따옴월에), "누굴 후보로 내세울 것이냐를 두고 논란이 한창이다, 내일 배가 오느냐가 문제다"(월에) "변변치가 못하다, 도대체가 말도 안 된다고요"(군더더기)

자리토씨와 관련해 말이 거칠어지거나 길어지는 보기 몇 가지를 들춰보자.

△과연 비행기 시간에 맞춰 갈 수 있느냐 여부가 문제다 → ~ 맞춰 갈 수 있을지가 문제다. △국민들이 어떻게 보는가가 중요한 만큼 엄격하게 법을 해석해야 한다 → 국민이 어떻게 보는지가 중요로우므로 엄격하게 법을 풀이해야 한다./ 국민의 판단이 중요한 만큼 법을 엄격히 해석해야 한다. △아이템을 살리는 미립(방안)이 없을까를 고민했습니다. → 아이템을 살릴 미립을 고민했습니다. △그렇게 된 까닭(원인)이 무엇인가를 생각해 본 일이 있는가? → 그리 된 까닭을 생각해 본 일이 있는가?/ 그렇게 된 까닭이 무언지를 한 찰쯤 생각해 봤는가?

최인호/한겨레말글연구소장

081

저 먹자니 싫고 남 주자니 아깝다

 몹시 쩨쩨하고 게염(욕심)이 많음을 이르는 말

속을말음

1. 아까울 게 뭐지?
2.
3.
4.
5.

✎ 풀이씨를 씨낱말로 짧은 글을 짓는 월 쌓기를 해보자.

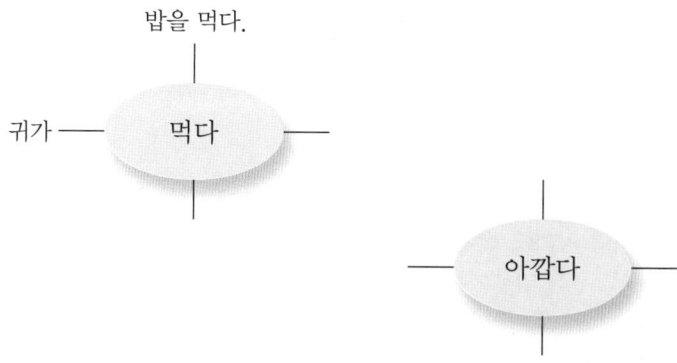

➔ '저(나)와 남'을 씨낱말로 하는 풀이씨 일판 '아홉 난 월 쌓기' 낱말밭을 만들어 봅시다. 난마다 짧은 월 가운데 하나를 골라 판그림을 그려 넣은 글그림판을 꾸며 봅시다.

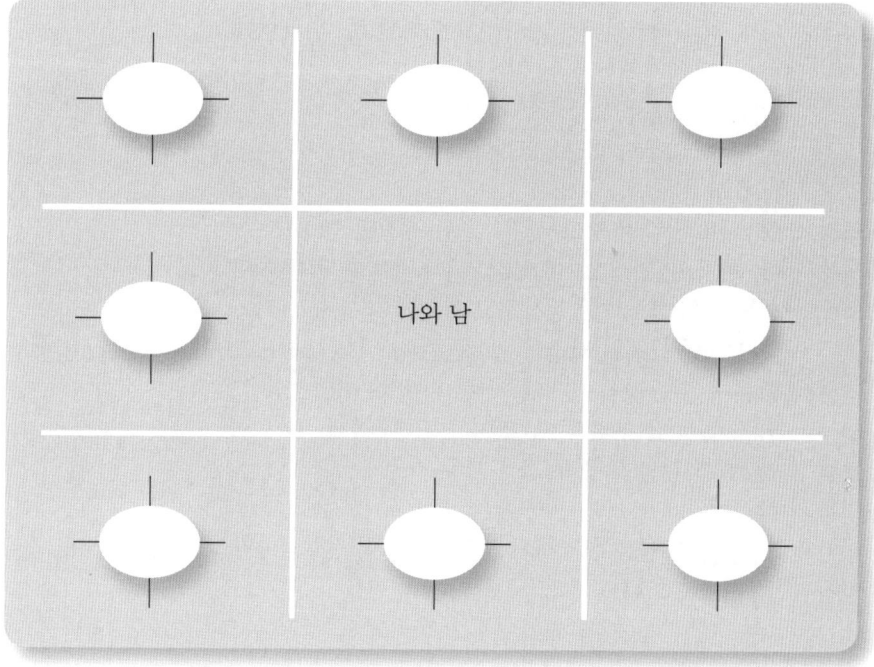

이건 내 건데 왜 너를 줘

염통　엄마, 달걀탕 해 주세요.
엄마　네가 조기 구운 거 다 먹으면 해줄게.
염통　달걀탕에 새우도 넣고 해 주세요. 나는 그게 맛있어요.
　　　당근이랑 양파도 잘게 썰어서 넣어주세요. 파도요.
엄마　알았어. 우리 염통이는 그런 푸성귀를 잘 먹으니까 이뻐.
　　　엄마가 바로 해 줄게 기다려.
염길　엄마, 나는 장조림 먹고 싶어.
엄마　우리 강아지가 장조림 먹고 싶구나?
염길　응 엄마.
염통　엄마, 달걀탕 먼저 해 주세요.
염길　엄마, 장조림 먼저.
염통　너 내가 먼저 말했다 잉.
염길　칫. 나도 먹고 싶단 말이야.
엄마　니네 왜 그래? 엄마가 기다리고 있으면 둘 다 해줄게.

　　　(밥을 먹으면서)
염통　엄마, 이 달걀탕 다 못 먹겠어.
엄마　그럼 남겨.
염길　형, 나도 달걀탕 먹고 싶어. 나 좀 먹으면 안 돼?
염통　야, 이거 내 건데 왜 너를 줘. 이따 낮밥때 먹을 거야.
엄마　염통이 너 왜 그래? 동생하고 같이 먹어야지.
　　　너 그러면 다시는 달걀탕 안 해 준다.
염통　싫은데. 달걀탕을 내가 얼마나 좋아하는데.
엄마　염통아, 욕심 부리지 마. 엄마가 또 해 줄게.
염길　형, 한 숟갈만 먹을게.
염통　알았어.
엄마　그래. 우리 염통이 착하지. 서로 나눠 먹어야 엄마가 또 해주는 거야.
염길　음 진짜 맛있다.

제 눈에 안경이다

보잘것없는 몬(물건)이라도 제 마음에 들면
좋게 보인다는 말

솟을물음

1. 안경을 왜 쓰지?

2.

3.

4.

5.

내가 강아지면 형아는 큰 개야

엄마　어휴, 우리 강아지.
염길　강아지?
엄마　(엉덩이를 토닥토닥) 내 강아지.
염길　엄마, 나 미워서 때렸어? 이뻐서 때렸어?
엄마　(등을 토닥토닥)
염길　엄마, 왜 자꾸 나를 때리는 거야.
　　　엄마는 나보고 강아지가 뭐야. 강아지가.
엄마　그래도 너는 엄마의 강아지야. 아이구 내 강아지.
염길　칫. 그럼 내가 갠가? 개야?
엄마　하하하하. 이렇게 말하는 입도 이쁘네. 강아지!
　　　(토닥토닥, 쓰다듬어준다)
염길　왜 자꾸 강아지라 하면서 나를 때려?
엄마　하하하, 미우니까 때리지.
염통　이쁘니까 토닥거리는 거야. 염길아, 때리는 게 아니라.
　　　어른들은 이쁘면 강아지라고 해. 귀엽다는 뜻이야.
염길　그러면 그냥 이쁘다고 해야지 왜 강아지라고 하냐고.
염통　이쁘다는 말보다 더 이쁘다는 뜻이야.
엄마　하하하. 우리 염길이가 이쁘고 말고.
　　　우리 염길이는 엄마의 가없는 강아지야.
염통　그거야 엄마 아들이니까 '제 눈에 안경'인거죠.
엄마　맞아 맞아. 우리 염통이도 엄마한테는 아주 의젓한 아들이야.
　　　큰아들은 의젓하고 작은 아들은 귀엽네.
염길　그럼 엄마, 내가 강아지면 염통 형아는 큰 강아지야?
엄마, 염통　그래그래 하하하하.

종로에서 뺨 맞고 한강에 가서 눈 흘긴다

 뜻풀이

부끄럼(욕)을 당한 그 자리에서는 아무 말도 못하고 화풀이를 딴 곳에 가서 함으로써 엉뚱한 데서 새삼스럽게 분풀이함을 빗대어 이르는 말

속을물음

1. 종로가 어디지?
2.
3.
4.
5.

✒️ 풀이씨를 씨낱말로 짧은 글을 짓는 월 쌓기를 해보자.

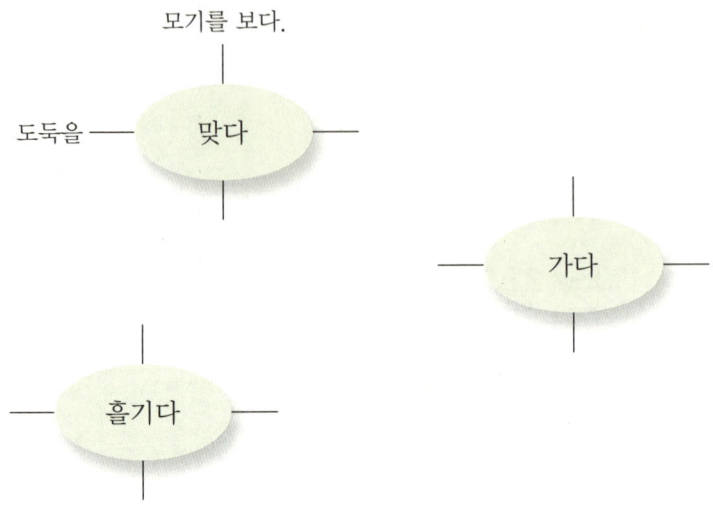

어찌자리토

(1) 곳자리토 : ①곳-에, 에서, 때-(때), ②맞은편(상대)- 에(게), 한테, 께, 더러, 보고, ③아시곳(출발점)-에서, 에게서, 한테서, 로부터, ④나 감끗(방향)- (으)로, 에게로, 한테로, 에
(2) 연모자리토 ; (으)로(써), (3) 감목자리토 ; (으)로(서)
(4) 까닭자리토 ; 에,(으)로
(5) 견줌자리토 ; 과/와, 처럼, 만큼, 보다, 하고
(6) 함께자리토 ; 과/와, 하고
(7) 바뀜자리토 ; 로 (8) 따옴자리토 ; 라고, 고

✒ 풀이말에 이끌리는 어찌자리토를 찾아 짧은 월을 짓는 월 쌓기를 해보자.

🌱 '부끄럽다'를 씨낱말로 우듬지싹을 키워보자. 뭐가 보이나?

부끄럽다

➤ 우듬지싹을 키웠으면 입말이야기(마주이야기)를 써보시오.

방아깨비 닦달시킨 거예요

영구　(보영이 머리를 확 잡아 다닌다.)
보영　으아아아아아아앙.
영구　울테면 울어라.
교사　영구야, 너 무슨 말이 그래?
영구　……
보영　선생님, 영구오빠가요. 내 머리를 뒤에서 확 잡아당겼어요. 엉어어엉엉엉.
교사　영구, 너 왜 보영이 머리를 잡아당겼어?
영구　보영이가 나를 화나게 했어요.
교사　보영이가 영구를? 어떻게?
영구　아까 방아깨비를 잡아서 물에서 살아남게 하려고 수돗물을 틀어놓고 방아깨비를 수돗물에 맞게 했는데요. 방아깨비 닦달시킨 거예요. 근데 보영이가 소리를 지르면서 나한테 뭐라 뭐라 하잖아요.
보영　여기 산호수 몸소배움(체험학습) 올 때 선생님이 그러셨잖아요. 생명을 함부로 죽이거나 괴롭히지 말라고. 근디 영구오빠가 방아깨비를 물에 맞혀 죽이려고 해서 제가 하지 말라고 한 거예요.
영구　……
교사　영구, 너 보영이 말이 맞아?
교사2　맞아요 선생님. 그래서 아까 이 선생님께 걸려서 보물찾기해도 상품 안준다고 했어요. 그랬더니 영구가 화풀이를 보영이한테 하는 거 같아요.
교사　영구, 선생님 말씀이 정말이야?
영구　……네에.
교사　이런 걸 종로에서 뺨맞고 한강에 가서 눈 흘긴다고 하는 거야. 영구야, 보영이한테 개개비는(사과하는) 게 어때?
영구　미 미안해 보영아.

죄지은 놈 옆에 있다가 벼락 맞는다

 뜻풀이

나쁜 일을 한 사람과 함께 있다가 허물(죄)없이
벌을 받거나 덤터기(누명)을 쓰게 된다는 뜻

속을물음

1. 허물이 뭐지?

2.

3.

4.

5.

형 때문에 나까지 혼날 뻔 했잖아.

탁구　아빠가 오늘 마늘빵 만드는 거 봤다.
준구　나는 크림빵 만드는 것도 봤는데.
탁구　나는 케익 만드는 거 봤어.
준구　나는 팥빵 만드는 거 봤는데.
탁구　야, 너 자꾸 나 따라할래?
준구　나는 봉빵 만드는 거 봤어.
탁구　그만 하랬지.
준구　재밌잖아. 형아. 아빠 빵 되게 잘 만든다.
　　　나는 아빠가 만든 빵 이름 외우는 게 재밌어.
탁구　그래? 그럼 나랑 빵 이름 말하기 할까?
준구　좋아.
탁구　아까 말한 거 빼기다.
준구　알았어.
탁구　폭신폭신구름빵
준구　흑미찹쌀식빵
탁구　옥수수식빵
준구　우유 식빵
탁구　흑미찹쌀흑임자빵
준구　흑미찹쌀흑임자잼빵
탁구　흑미찹쌀크림치즈빵
준구　우리밀 옥수수 보리빵
탁구　우리밀 식빵
준구　우리쌀 케익

아빠   너 이녀석들, 여기 있는 흑미찹쌀흑임자빵 두 개가 없어졌네.
       너희들이 한 개씩 먹었냐?
준구   아 아아뇨.
아빠   이상하네. 분명이 내가 여기 열 개를 놨는데 여덟 개밖에 없어.
       너희들 있는 대로 말해. 너희들이 먹었지?
준구   아니라니까요.
아빠   거짓말하면 혼난다.
       먹은 것은 괜찮지만 거짓말은 그냥 못 넘어가.
       그러니까 지금 말해.
탁구   제 제가 먹었어요.
준구   형. 형 때문에 나까지 혼날 뻔 했잖아.
탁구   미 미안해.
아빠   탁구야, 먹고 싶으면 아빠께 말하랬지?
       그렇게 몰래 갖다 먹지 말고.
탁구   죄송해요. 너무 먹고 싶어서.
준구   맨날 형 때문에 나까지 혼날 뻔한다니까.
탁구   미안해. 준구야.

죽어 석 잔 술이
살아 한 잔 술만 못하다

 뜻풀이

죽은 뒤에 아무리 정성을 들여도 살아 있을 때
조금 생각한 것만 못한다

속을물음

1. 허물이 뭐지?

2.

3.

4.

5.

✎ 풀이씨를 씨낱말로 짧은 글을 짓는 월 쌓기를 해보자.

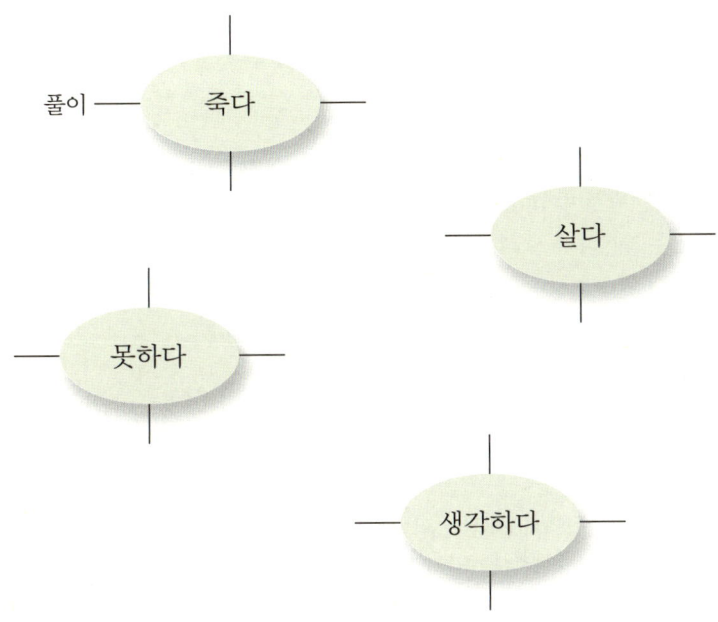

✐ 물음월 씨끝바꿈이 있는 짧은 월을 짓는 월 쌓기를 해보자.

왜 드라마만 보면 울어요?

마주   엄마, 또 운다. 드라마만 보면 운다니까.
엄마   훌쩍 훌쩍
마주   아빠, 엄마 드라마 보면서 또 울어요.
엄마   (눈물을 닦으면서) 야, 돌아가신 외할머니 외할아버지 생각나서 그러지.
마주   엄마는 왜 티비 드라마만 보면 맨날 돌아가신 외할머니 외할아버지가 생각나냐고.
아빠   마주야. 냅둬라. 엄마가 그럴 만한 까닭이 있어.
마주   까닭요?
아빠   그래. 외할머니 외할아버지 살아계실 때 엄마가 말썽장이였거든.
마주   엄마가요?
엄마   당신은 애한테 못하는 말이 없어요. 그만해요.
마주   아이 궁금하단 말이예요. 엄마아빠, 왜요? 말씀해주세요.
엄마   엄마가 가라는 대학을 안가고 아빠랑 혼인했거든. 스무 살에 아빠 만나 스물한 살에 혼인했어. 내가 재수하다가 말이야. 저 드라마에 세영이가 꼭 나 같아. 하라는 공부는 안하고 남학생들 꽁무니만 따라다니고 엄마아빠께는 거짓말만 하잖아. 하루는 외할아버지가 엄마를 불렀어. "그렇게 공부하기 싫으면 공부하지 마라. 사람마다 다 다른 재능이 있으니 너는 좋은 남자 만나 혼인하는 것도 나쁘지 않다." 하시는 거야. 그래서 재수 그만두고 아빠하고 혼인을 했지. 할아버지는 엄마가 아빠를 만나고 다니는 걸 이미 눈치 채고 계셨던 거야.
마주   그런데 왜 울어? 엄마가 선택한 거잖아.
엄마   그때 외할머니 외할아버지 말씀을 들었어야 해. 공부를 부지런히 못해 본 게 한이 됐어.
마주   아, 그래서 드라마 속의 세영이가 엄마 같아서 외할머니 외할아버지 생각을 더 하게 된 거야?
엄마   응. 그래.
마주   아, 그렇구나. 엄마아빠, 저는 엄마처럼 안 될게요. 제가 하고 싶은 공부를 부지런히 한 다음에 좋은 남자 만나서 혼인할게요.
엄마, 아빠   못하는 소리가 없네. 그래라 그래. 하하하. 하하하.

쥐구멍에도 볕 들 날 있다

몹시 고생하고 살지만 살기 좋은 날이 있다는 말

속을물음

1. 쥐구멍이 뭐지?
2.
3.
4.
5.

사노라면

　　　　사노라면 언젠가는 밝은 날도 오겠지.
　　　　흐린 날도 날이 새면 해가 뜨지 않더냐.
　　　　새파랗게 젊다는 게 한밑천인데
　　　　째째하게 굴지 말고 가슴을 쫙- 펴라
　　　　내일은 해가 뜬다. 내일은 해가 뜬다. ♪♫♩

마주　　(녹음기에서 흘러 나오는 노래를 따라한다)
　　　　사노라면 언젠가는 밝은 날도 오겠지.
엄마　　흐린 날도 날이 새면 해가 뜨지 않더냐.
마주　　새파랗게 젊다는 게 한밑천인데
엄마　　째째하게 굴지 말고 가슴을 쫙 쫙 펴라.
둘이함께　내일은 해가 뜬다. 내일은 해가 뜬다.
아빠　　짝짝짝짝. 와, 노래 잘하네. 그래. 여보 힘내자.
　　　　노래 가사처럼 우리도 언젠가는 해가 뜰 날이 오겠지.
엄마　　그래요. 당신도 힘내요.
　　　　우리 마주하고 함께 노래 부르니까 힘이 막 나네.
마주　　엄마 아빠, 힘내세요.
엄마　　(훌쩍 훌쩍)
마주　　엄마, 또 우네.
아빠　　마주야, 고맙다. 아빠가 부지런히 살게.
엄마　　엄마도 그렇게. 우리 마주랑 당신이랑 이렇게 튼튼한데 지금 좀 어렵다고 꿈 깨지 않을게요.
아빠　　고마워. 당신도. 내일은 나도 일자리 알아보러 나가야겠어.
엄마　　나도 공공근로 내손(신청)하려고요. 집에 있으면 뭐하겠어요. 한 푼이라도 벌어야지.
마주　　엄마 아빠, 저도 공부 부지런히 할게요.
다같이　(꼬옥 끌어안는다.)

지렁이도 밟으면 꿈틀한다

보잘 것 없거나 약한 사람일지라도
지나치게 업신여기면 성을 낸다는 뜻

속을물음

1. 지렁이의 속을 티는?
2.
3.
4.
5.

✒️ 풀이씨를 씨낱말로 짧은 글을 짓는 월 쌓기를 해보자.

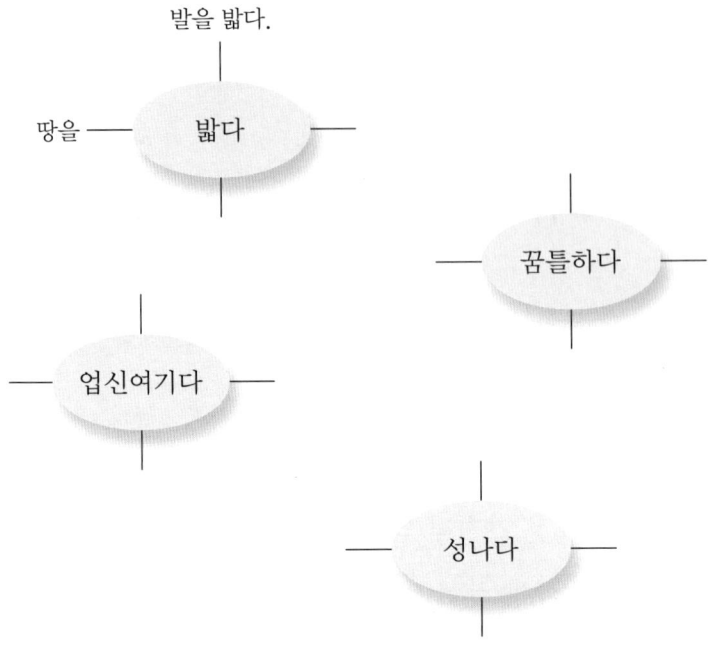

✏️ 씨낱말의 낱말 불리기 팽이무늬와 풀이씨의 짧은 월 쌓기를 해보자.

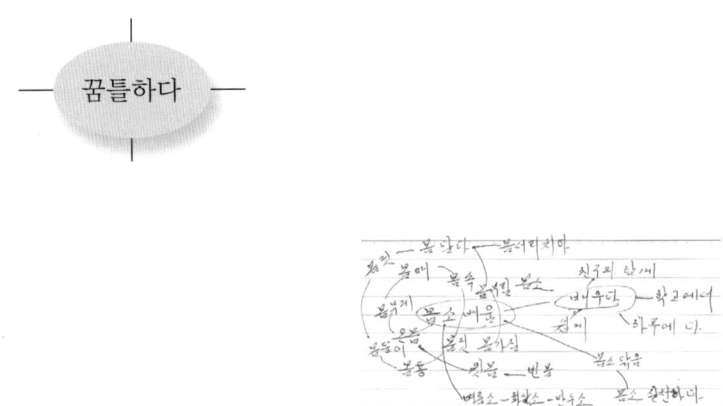

✒ '지렁이도 밟으면 꿈틀한다.'란 삶품말을 드러내는 일을 아홉 난 그림담(만화)으로 그려봅시다.

✒ 그림담을 그렸으면 삶품말을 넣은 글월(편지)을 써 보시오.

맨날 나만 뭐라 하잖아요

방울   엄마랑 아빠는 맨날 나만 뭐라 하잖아요. 솔이 편만 들어주고.
엄마   그래서 방울이 또 울라고?
방울   누가 운댔어요?
엄마   또 울라고 하는구만.
방울   안 운다고요.
솔이   어마, 어엄마. 형아 뽕아 해떠.
엄마   형아가 뽕 하고 방귀 뀌었어?
솔이   엉.
방울   저 자식이.(고개 숙이며 눈물 한방울이 뚝 떨어진다)
엄마   방울이 또 울라고 허네. 얼레리 꼴레리. 울보래요. 울보래요. 울보래요.
방울   퍽.
솔이   으아앙. 으앙. 어마 혀아가 나 땠어. 앙앙.
방울   씩씩씩
엄마   방울이 너 이리 와 봐.
방울   왜요?
엄마   근다고 형아가 동생을 그렇게 때리면 되냐?
방울   나도 약 오른다고요.
엄마   약 오른다고 동생을 때려?
방울   긍께 엄마는 왜 나한테 울보라고 놀리냐고요. 앙앙.
엄마   그거야 내가 무슨 말만 하려해도 너는 울잖아.
        말로 하래도 울음으로 말하잖아. 그러니까 놀린 거지.
방울   근다고 어떤 엄마가 자식을 놀리냐고요.
엄마   히히. 니네 엄마가.
방울   엄마는 또 놀리고 있잖아요.
솔이   혀아 우지 마. 우지 마. 혀아 어마 하지 마.
엄마   솔이가 형아 편 들어주잖아. 방울이는 좋것다.
        엄마가 울어야 굿네. 내 편 들어주는 사람 아무도 없잖아. 흑흑.
아빠   당신은 내가 편들어주면 되잖아. 내가 편 들어줄게.
방울   ……

집에서 새는 바가지 들에서도 샌다

버릇이나 맘바탕이 좋지 않은 사람은 어디 가든지 똑같다는 말

솟을물음

1. 집이 왜 나오지?
2.
3.
4.
5.

인사해야지

전주 삼천천에서
요한, 대승 저기 아저씨가 오신다. 안녕하세요?
아저씨 오냐.
대승 할머니 안녕하세요?
요한 할머니 안녕하세요?
할머니 아이구 학생들이 참 이쁘네. 어쩌면 그렇게 인사를 이쁘게도 하냐?
요한, 대승 안녕히 가세요.
방울 너는 뭐 할라고 모르는 사람들한테 그렇게 인사 하냐?
대승 인사는 모르는 사람들한테도 하는 거야.
요한 맞어. 모르는 사람들한테도 해야지.
방울 모르는 사람들한테 뭐할라고 인사를 해?
      얼숨(정신)이 이상한 애들로 볼 수도 있어.
교사 방울아, 그렇지 않아.
      요한이 대승이처럼 인사를 잘하면 어른들이 좋아하시지.
방울 싫어요. 우리 엄마 아빠는 절대로 밖에 나가면 모르는 사람들한테
      아는 체 하지 말랬어요.
대승 우리 엄마 아빠는 그 반대인데.
요한 우리 엄마 아빠도 그래. 모르는 어른이라도 꼭 인사를 하랬어.
교사 그럼. 그래야지. 너희들이 인사를 잘하니까 삼천천에서 힘놀(운동)하시는
      분들이 너희들만 보면 알아보고 아는 체 해주시잖아.
아이들 맞아요.
방울 그래도 싫어요. 저는 엄마아빠가 시킨 대로 할 거예요. 모르는 사람들한
      테 뭐 할라고 인사를 해. 휙(사탕껍질을 길에 버린다)
교사 방울이 너, 방금 버린 거 주워.
방울 손에 묻으면 찐덕찐덕 한단 말이에요.
교사 찐덕찐덕 해도 주워. 가다가 쓰레기통 있으면 넣어야지.
      그렇게 길에다 휙 버리는 거 아니야.
방울 아이, 재수 없어. (줍는다.)

참새가 방앗간을 그냥 지나랴

 뜻풀이

자기가 좋아하는 곳은 그대로 지나치지 못함을
빗대어 이르는 말

속을물음

1. 내가 좋아하는 곳은?
2.
3.
4.
5.

✏️ 풀이씨를 씨낱말로 짧은 글을 짓는 월 쌓기를 해보자. 뭐가 나오나?

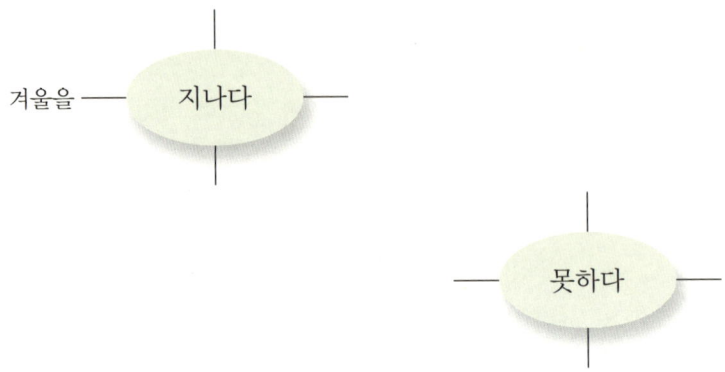

> 어찌자리토 (1) 곳자리토 : ① 곳-에, 에서, 때-(때), ② 맞은편(상대)- 에(게), 한테, 께, 더러, 보고, ③ 아시곳(출발점)- 에서, 에게서, 한테서, 로부터, ④ 나감끗(방향)- (으)로, 에게로, 한테로, 에 (2) 연모자리토 ; (으)로(써), (3) 감목자리토 ; (으)로(서) (4) 까닭자리토 ; 에, (으)로 (5) 견줌자리토 ; 과/와, 처럼, 만큼, 보다, 하고 (6) 함께자리토 ; 과/와, 하고 (7) 바뀜자리토 ; 로 (8) 따옴자리토 ; 라고, 고

✏️ 풀이말에 이끌리는 어찌자리토를 찾아 짧은 월을 짓는 월 쌓기를 해보자.

이거 보세요

예원　선생님, 이거 보세요.
교사　아니 이게 뭐야? 와 이쁘다.
예원　지운이 언니랑 손톱 물들 인거에요. 아까 여기 올라오는데 노란 꽃이 있길래 그걸 찧어서 손톱에 올려놓았어요.
교사　애기똥풀꽃 말이구나.
지운　예원아, 이리 와 봐.
　　　여기 또 빨간 꽃이 있다. 우리 이걸로도 물들이자.
예원　좋아 좋아. 언니 내가 꽃 따올게.
지연　선생님, 나도 물들였다오.
교사　어머, 우리 지연이는 봉숭아꽃으로 물들였구나?
지연　네. 엄마가 외갓집 갔을 때 들여줬어요. 외갓집 꽃밭에는 봉숭아꽃이 엄청 많거든요. 그거 따서 백반이랑 소금 넣고 찧은 다음에 손톱에 올려놓고 랩으로 쌌거든요. 하룻밤 자고 나니까 이렇게 물이 들었어요.
교사　아이구 그랬구나.
라현　선생님 선생님. 저도 여기 손톱 물 들였어요.
교사　우리 라현이도 봉숭아 물 들였네.
라현　근데요. 저는 엄마가 학교 앞 문구점에서 봉숭아물 사다가 발라준 거예요.
교사　아, 그래? 이쁘다.
염통, 방울　하여간 여학생들은 꽃만 보면 그냥 못 지나간다니까. 쟤들 때문에 꽃들이 다 없어져.
방울　야, 염통아, 여학생들같이 꽃만 보면 그냥 못 지나가는 것을 나타내는 삶품말(속담)이 뭔지 알아?
염통　꽃만 보면 그냥 못 지나가는 거? 그거야 음 뭐더라? 아, 알았다. '참새가 방앗간 그냥 지나랴.' 맞지?
방울　응 맞았어. 되게 빨리 맞히네.

천 리 길도 첫 걸음으로 시작된다

 뜻풀이

아무리 큰일이라도 처음에는 작은 일부터 시작된다는 뜻

속을물음

1. 천리는 얼마나 멀지?
2.
3.
4.
5.

온고을의 으뜸이야기꾼이 될지도 모르잖아요

마주   엄마, 이번 열달(10월) 서른날(30일)에 온고을 큰 이야기판 연대요.
엄마   온고을 큰 이야기판?
마주   네에. 이거 나눠 준 종이 읽어 보세요.
엄마   온고을 큰 이야기판이 뭐래요?

어린이들이 몸으로 겪고 귀로 듣고 눈으로 읽은 이야기를 온몸으로 받아들여 거르고 다듬어서 다시 제 것으로 내놓는 말이 입말입니다. 어른들이 귀와 마음을 기울여 들어주면 아이들은 제 삶을 맘껏 드러내고 저절로 터져 나오는 마주이야기를 주고받으면서 스스로 문제를 풀어갑니다. 이런 입말과 마주이야기를 바탕으로 하는 이야기교육은 스스로 묻고 대꾸하며 상상하는 힘과 새샘뜻(창조성)을 길러 아이들의 느낌과 생각과 뜻의 알맹이가 자라나게 합니다.
이야기판을 벌여놓고, 사람들 앞에서 이야기를 하는 것은 바로 말로써 저만의 세상을 새롭게 만들어내는 일이며 남을 본뜨거나 남을 흉내 내는 노릇을 못하도록 막아주기 위해서입니다.
삶을 이야기로 꽃피워내고 우리 말꽃, 우리문화, 우리 고장을 가꾸고 몸과 마음을 아름답게 만들어가는 몸소배움 이야기판을 벌여야 할 필요성이 여기에 있습니다.
온고을 큰 이야기판에 놀러오세요. 반가운 마음으로 맞이하겠습니다.

마주   엄마, 그날 꼭 오셔야 해요.
엄마   우리 마주가 이야기를 하는가 보네. 무슨 이야기를 할 거야?
마주   '내 마음을 알아줘'랑 '몸소 배움 이야기'요.
엄마   아, 듣고 싶다. 우리 마주가 뛰어난 이야기꾼 되는 거 아니야?
마주   '천리길도 첫걸음으로 시작된다'고 그야 모르죠.
        나중에 온고을의 으뜸 이야기꾼이 될지도.
엄마   하하하. 그렇게 되면 좋겠네.

091

콩 심은 데 콩 나고 팥 심은 데 팥 난다

모든 일은 아시 까닭에 따라 뒤끝이 생긴다는 말

속을물음

1. 콩을 심으면?

2.

3.

4.

5.

✒️ 풀이씨를 씨낱말로 짧은 글을 짓는 월 쌓기를 해보자. 뭐가 나오나?

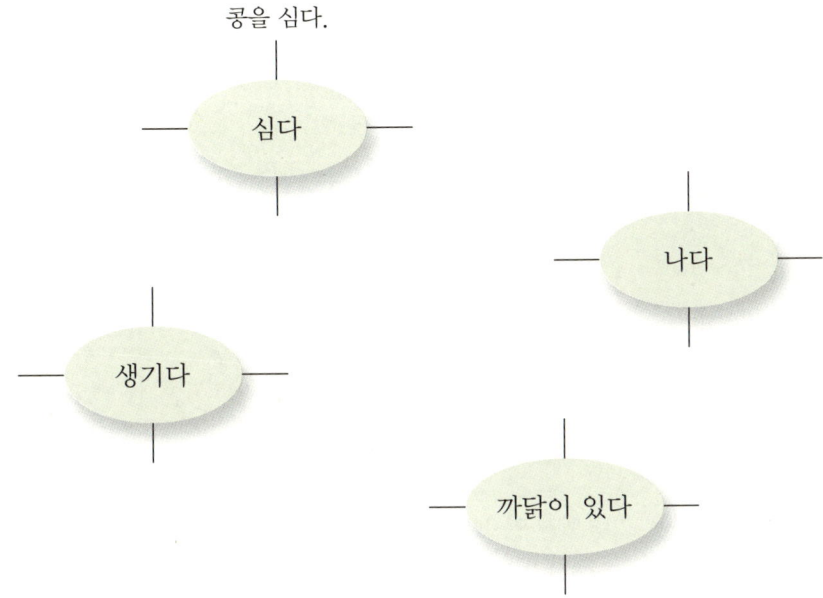

✒️ 물음월 씨끝바꿈이 있는 짧은 월을 짓는 월 쌓기를 해보자.

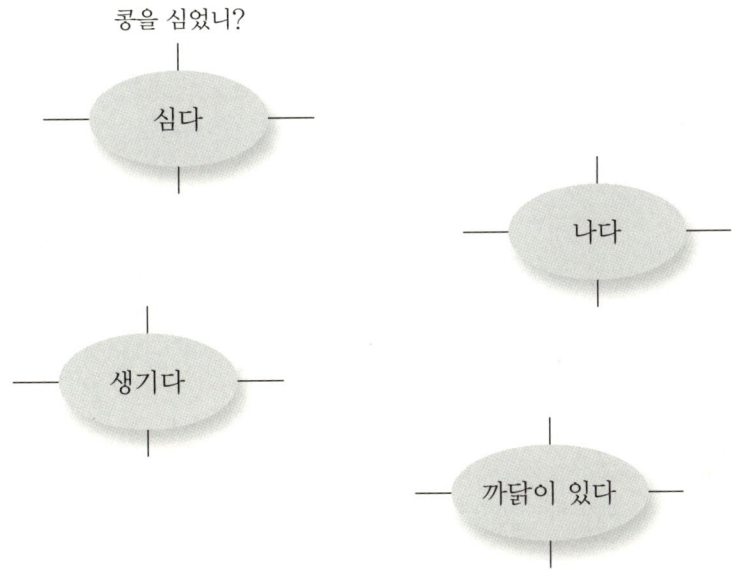

✐ '콩 심은 데 콩 나고 팥 심은 데 팥 난다.'라는 삶품말의 뜻을 드러내는 차례 그림으로 그리시오.

✐ 차례 그림을 그렸으면 알림본을 만들어 보시오.

* 알림본에는 알짬 알림글귀와 으뜸 알림그림과 맘들임(설득) 풀이글이 있다.

아빠 엄마만 보잖아요

아빠 아들 아빠 뉴스 좀 보자 뉴스 좀.
방울 아빠, 저 이것만 좀 보고요.
엄마 아이, 당신은 나 드라마 보려고 여직 기다렸는데.
방울 우리 집은 티비가 세 대가 필요해. 세 대가.
아빠 아들 가서 집벼름(숙제) 좀 해.
엄마 아 맞다. 방울아, 너 집벼름 해. 빨랑.
방울 이것만 보고요. 곧 끝나요.
엄마 방울, 너 정말 안 되겠다. 맨날 집벼름은 안하고 티비를 보거나 컴퓨터 게임만 하려고 하니.
방울 왜 나만 갖고 그래요?
엄마 뭐라고?
방울 아빠도 티비 보고 엄마도 티비 드라마 보잖아요. 저녁만 되면 맨날 엄마 아빤 티비 보면서 나만 못 보게 하고. 나도 빨랑 어른 되고 싶어.
엄마, 아빠 ……
방울 아휴, 짜증 나. 학교도 다니기 싫어. 맨날 숙제만 내고. 나만 티비 못 보고. 그럼 나 엄마아빠 티비 볼 동안 컴퓨터 게임 좀 하면 안돼요?
아빠 방울아, 아빠랑 이야기 좀 하자.
방울 ?……
아빠 당신도 이리 와서 앉아요. 방울이 말이 맞아. 저녁마다 엄마아빠가 티비 서로 보려고 한 거. 우리 방울이 말을 듣고 보니 돌이켜 보게 되네. 방울아, 아빠 엄마가 잘못했다. 앞으로는 엄마 아빠도 방울이 집벼름(숙제)할 때 티비 안 볼게. 옆에서 기별본(신문)이랑 책 읽어야겠어.
엄마 좋아요. 당신이 그렇게 한다면 저도 따르겠어요.
방울 가서 집벼름 할게요.
엄마, 아빠 그래. 방울아. 미안해.

티끌 모아 태산

아무리 적은 것이라도, 모이면 큰 것이 된다는 뜻

속을물음

1. 눈에 티끌이 들어가면?
2.
3.
4.
5.

하한친도예요

마주   엄마, 이 공책 읽어 보실래요?
엄마   무슨 공책이야?
마주   하한친도예요.
엄마   하한친도? 그게 뭔데?
마주   하루 한 번 이상 친구를 도와준다. 그런 뜻.
엄마   뭐라고?
마주   그 내용을 여기에 적어놓았어요.
엄마   (읽는다)

10/5 오늘은 염통이가 연필이 없대서 빌려주었다.
10/6 방울이 지우개 빌려준 일
10/7 선생님 심부름-교무실에 가서 책 가져오기
10/8 친구들에게 인사하기(방울이, 염통, 지연, 보영이)
10/9 산호수 마을 갔을 때 한경순 선생님 짐을 들어드렸는데 선생님이 고맙다며 웃어주셨다. 기분이 좋았다.
10/11 요리 활동 할 때 지영이가 손을 베어서 양호실에 함께 가 주었다. 지영아 아프지? 그래도 힘내.

엄마   우와! 우리 딸 하한친도 공책이 행복해할 것 같다. 처음엔 짤막하게 썼는데 갈수록 내용을 자세히 써 놓으니 무슨 일을 했는가도 더 알 수 있어.
마주   앞으로 이 공책이 다 차도록 날마다 좋은 일 할 거예요.
엄마   그래. 우리 마주 정말 기특하다.

도움풀이씨는 으뜸풀이씨의 독특한 이음씨끝을 가려 잡는다. 흔히 말하는 '아/어·게·지·고' 등 어찌꼴 이음씨끝이나 '는가/ㄴ가·나·ㄹ까·고자·야' 따위와 어울리기도 한다.

먹어 보다/ 마쳐 버리다/ 들어 주다/ 들어 드리다/ 잘 해 내다/ (옷본을) 오려 나가다/ 눈이 회둥거래 가지고 쳐다본다/ 가두어 두다/ 갈아 놓다/ 일러 바치다/ 해 올렸다/ 해 다오/ 해 내다/ 앉아 있다/ 와 계신다/ 받아 왔다/ 써 지다/ 웃어 쌓다/ 못해 먹겠다/ 둔해 터졌다/ 해 치우다/ 골아 떨어지다/ 썩어 빠졌다/ 땅을 파 제꼈다/ 문을 열어 젖히다(이상 아·어).

가게 하다/ 가게 되다(이상 게) 속이지 아니하다/ 일을 하지 못하다/ 졸지 말라/ 가지 않고 오지 않노라(이상 지).

일을 하고 있다/ 이야기를 하고 계시다/ 일하고 싶다/ 끝내고 나니까/ 떠나고 싶어하다/ 가고 파하다/ 살고 지고(이상 고).

가야 하다/ 가고자 하다, 갈까 한다(여줄가리).

최인호/한겨레말글연구소장

팔은 안으로 굽는다

 뜻풀이

팔이 자기 쪽으로 굽듯이 누구나 가까운 사람에게
정이 더 간다는 말

속을물음

1. 팔은 어떻게 일하지?

2.

3.

4.

5.

✏️ 풀이씨를 씨낱말로 짧은 글을 짓는 월 쌓기를 해보자.

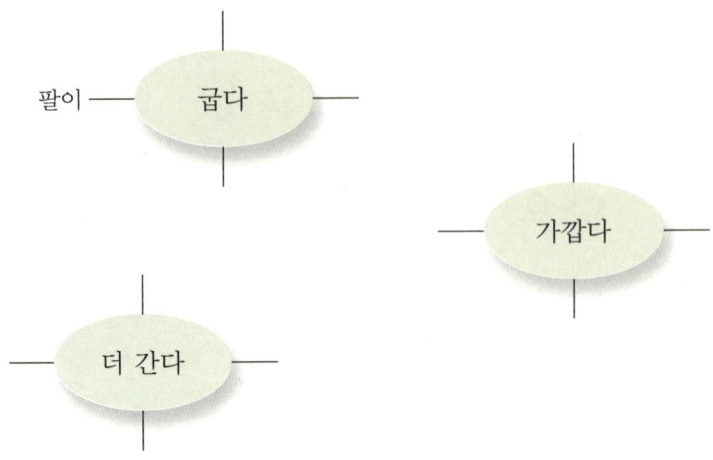

✏️ 말소리 줄기말인 겹움직씨를 찾아 짧은 월을 짓는 월 쌓기를 해보자.

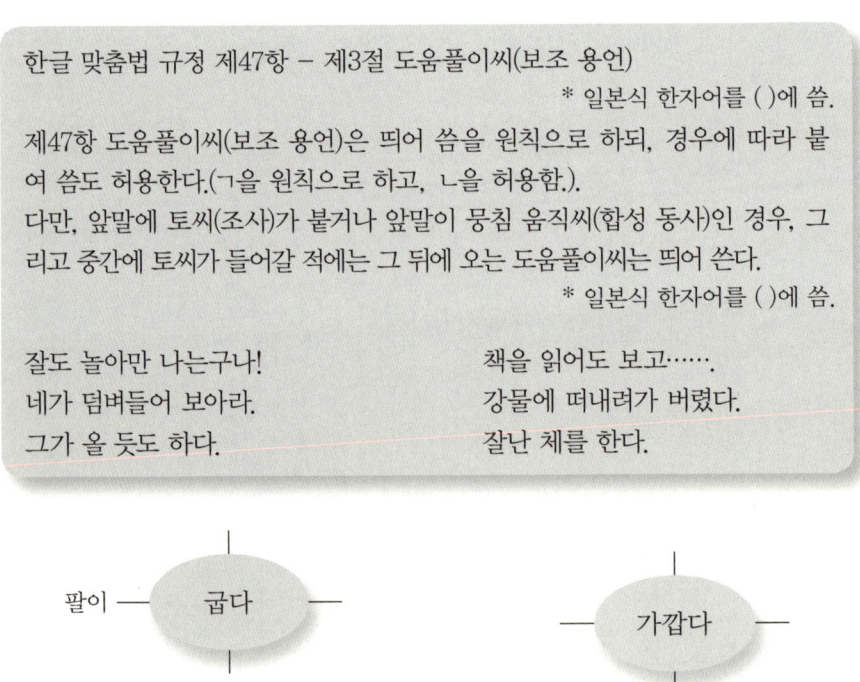

🌱 '팔'을 씨낱말로 우듬지싹을 키워보자. 뭐가 보이나?

팔

➣ 우듬지싹을 키웠으면 입말이야기(마주이야기)를 써보시오.

살가울 거예요

염통   엄마, 오늘 반장 뽑았어요. 근디 왜 사람들은 나를 안 뽑아줘요?
엄마   우리 염통이를 왜 안 뽑아줬지?
염통   나는 그냥 나 뽑을 까 하다가 그래도 우리 반 지연이가 괜찮을 것 같아서 지연이 뽑았어요.
엄마   음 그랬어? 지연이는 어떤 아이인데.
염통   애들한테 살가워요. 화도 안내고 늘 웃으면서 잘 해줘요.
엄마   지연이가 인기가 많겠구나.
염통   근디 방울이는 지연이가 싫대. 그래서 보영이 뽑았대.
엄마   방울이는 왜 지연이가 싫대? 보영이는 어떤 아이야?
염통   보영이도 괜찮긴 한데 지연이보다는 인기가 떨어져. 보영이는 살갑다가도 가끔 소리를 지르거든요.
엄마   그런데 왜 방울이는 그런 보영이를 뽑았어?
염통   보영이가 방울이한테는 잘해 줘요. 같은 모둠이고 또 집벼름(숙제) 안 해 오면 알림장도 빌려주고, 집벼름도 도와주고.
엄마   아, 그렇구나. 그러니까 방울이가 보영이 도움을 많이 받았나 보다.
염통   아마 그랬을걸요.
엄마   하하, 그래서 우리 삶품말에 '팔이 안으로 굽는다'는 말이 있단다. 방울이의 어려움을 잘 도와주니 방울이는 보영이가 좋았겠구만.
염통   맞아요. 둘이는 서로 살갑게 지내거든요. 그래도 지연이는 모든 아이들한테 잘 해줘요. 보영이는 모둠 애들한테 더 잘해주고 모든 애들한테 그러진 않거든요. 싫으면 가끔 소리도 꽥 지른다니까요.
엄마   애들도 다 알겠지. 그래서 반장은 누가 됐어?
염통   당연히 지연이죠. 딱 두 표차로 보영이가 떨어졌어요.
엄마   보영이가 많이 아쉬웠겠다.
염통   보영이보다 방울이가 더 서운해 했어요. 방울이가 어떤 애들한테는 '너 누구 찍었어?' 그러면서 물어보고 다니는 거 있죠.
엄마   저런, 그러면 안 되지.
염통   당연하죠. 방울이는 그래서 애들이 좀 싫어해요.
엄마   염통아, 반장 안 된 거 많이 서운해? 우리 염통이가 그래도 사람을 보는 눈이 있어서 엄마는 기분 좋고만. 아마 우리 염통이도 애들이 반장 뽑아 줄 날 올 거야.
염통   나도 지연이처럼 애들한테 살가울 거예요.

평양 감사도 저 싫으면 그만

 아무리 좋은 일이라도 자기 마음에 들지 않으면
억지로 시키기 힘들다는 뜻

솟을물음

1. 감사가 뭐하는 벼슬이지?

2.

3.

4.

5.

별 열 개다

뜨헉! 오늘은 날적이(일기장)에 별 10개를 받았다.
이게 웬일이래. 여느 때(평소)에는 1개, 2개 주시는 분이 웬일이삼? 10개나 주시다니. 잠깐, 어쩌다가(혹시) 다른 애들한테도 이렇게 준건가?
"얘들아, 니네도 별 열 개 받았냐?"
"아니."
곳곳을 다니며 물어보니 어라라. 나 혼자만 이렇게 많이 주셨더라고.
흐억. 선생님이 오늘은 좀…… 생각해도 믿어지지가 않아.
"선생님 선생님, 저 오늘 왜 이렇게 스티커를 많이 주신 거예요?"
"정현아. 니가 요즘 책을 많이 읽는 거 같구나. 요새 책본날적이(독후일기)가 아주 좋아졌어. 아, 특히 그 많이 쓴 거 있잖아. 3장반 쓴 거. 많이 쓴 거. 뭐드라?"
"마법의 설탕 두 조각요?"
"응, 그래 맞아 맞아. 마법의 설탕 두 조각. 글이 길고 내용도 좋고 두 가지 면에서 백점만점이더라."
"그래요? 히힛."
"정현아, 그리고 니가 만든 도너츠 말이야. 찍은몬(사진) 보니까 맛있게 생겼던데. 좀 부럽더라(탐나더라). 웬만하면 나도 하나 줄래?"
"히히. 시간 있으면 좋은 걸로 잘 튀겨서 하나 가져올게요."
"음 그래. 꼭 줘. 내가 늙어서 죽기 전에는 줘야 돼."
'선생님도 참나…… 농담 잘하시네. 어우, 아무튼 저렇게까지 말씀하시니까. 드려야겠지. ㅎㅎㅎㅎㅋㅋㅋㅋㅋㅎㅎㅎㅎ'
그래도 오늘같이 칭찬도장 많이 받을 때가 없었어. 으으 기분 좋아.
아싸라비 콜롬비야. 칭찬도장 31개닷.

근디 선생님께서 "정현아, 너 책본뜸지기(독서반장) 좀 해라. 우리 반 책본 뜸지기." 그 말씀에 나는 아차차차 싫었어.
"선생님, 싫어용. 나 뜸지기(반장) 같은 거 싫어용. 난 그냥 편하게 책만 읽고 싶다고용."
"그래? 알았어. 하기 싫으면 하지 마라. '평양감사도 저 하기 싫으면 안 한다고 했응게. 그래도 정현이가 해 주면 참 좋겠는데."
"생각해 볼게요."
아싸! 엄마한테 빨리 가서 보여줘야지.

(다음카페 말꽃나라입말이야기 서정현 방에서 가져옴)

095

하늘의 별 따기

이루기가 어려운 일을 나타냄

속을물음

1. 하늘의 크기은 뭐지?
2. ___
3. ___
4. ___
5. ___

✒ 풀이씨를 씨낱말로 짧은 글을 짓는 월 쌓기를 해보자.

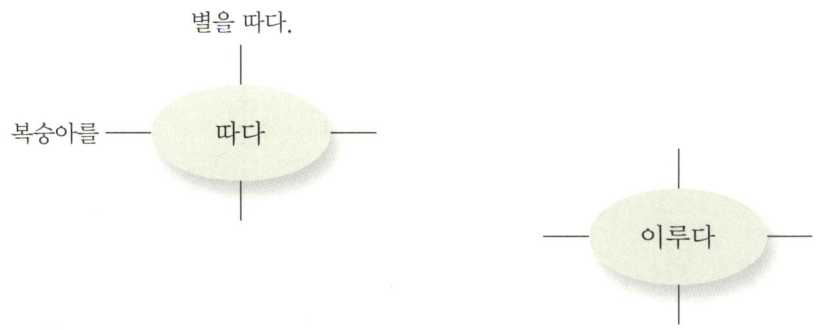

🖊 바탕글을 읽고 풀이말에 밑줄을 긋는다. 그 위에 풀이씨 으뜸꼴을 써 보시오.

> 한해 나기 달력 말셈으로 수꿈 꾸는 아이들
>
> 한밝달(1) 새해맞이 신명에 함박 웃는 달
> 들봄달(2) 따사로운 햇살에 새움 돋는 달
> 온봄달(3) 맛깔스런 봄나물에 입맛 돋는 달
> 무지개달(4) 꽃누리 사랑비에 물해 뜨는 달
> 들여름달(5) 여름맞이 물빛 때깔 나는 달
> 온여름달(6) 벼사름 풀빛 생기 돋는 달
> 더위달(7) 한온곳 더위누리 물바람 시원한 달
> 들가을달(8) 가을맞이 땀 송송 불볕나는 달
> 온가을달(9) 올게심니 한가위 굼실 덩실 달
> 열달(10) 가을걷이 열매 갈잎 때깔 나는 달
> 들겨울달(11) 겨울맞이 하늬바람 첫눈 오는 달
> 섣달(12) 겨우살이 긴긴밤 고섶이야기 달

✎ '봄 여름 가을 겨울 별자리'와 아랑곳한 기별본을 마련해 붙여봅시다.
(A4 종이 한쪽에 맘대 기별본(자유 신문)을 만들어 붙인다.)

기별본 앞쪽	날짜	한글 기별본	만든 이	풀붙임 쪽 (1쪽을 붙일 수도 있다.)

1쪽　　　　　　2-3쪽　　　　　　4쪽

〈기별본 얼개 (4쪽)〉

진짜 탁구선수 되고 싶어요.

탁구   엄마, 나 나중에 크면 제빵왕 김탁구가 아닌 진짜 탁구선수 되고 싶어요.
준구   탁구선수? 형아, 나는 탁구 싫어.
엄마   탁구가 탁구선수 되면 사람들이 안 잊어버릴 거야.
탁구   왜?
엄마   이름이 탁구니까. 너는 김탁구가 아니라 반탁구지만.
        반탁구라서 사람들이 더 기억하겠지.
탁구   아이, 온탁구면 더 좋은데. 그러면 진짜 탁구 잘 할 텐데.
준구   왜 온탁구면 탁구를 잘해?
탁구   반은 반절만 잘하는 거 같잖아.
        근디 온탁구는 온전하게 잘 한다 그런 느낌이 나잖아.
엄마   하하하. 말이 되네. 그래도 탁구야. 그런 것에 너무 골얼(신경) 쓸 거 없어. 네가 잘하고 못하는 게 더 중요롭지 무슨 성씨에 따라 달라지는 건 아니잖아.
탁구   그건 그렇지만.
엄마   탁구야, 근데 말이야. 국가탁구선수가 되려면 얼마나 어려운가 알지? 진짜 부지런히 솜씨를 익히고 몸심을 길러야지. 국가선수는 '하늘의 별따기' 만큼이나 어려워.
탁구   알아요.
엄마   근디 이렇게 밥도 잘 안 먹고 반찬도 골고루 안 먹으면서 탁구선수가 될 수 있을까?
준구   형아, 그래도 될 수 있어. 지금부터 잘 먹으면 되잖아.
탁구   엄마, 앞으로는 잘 먹을게요.
엄마   우리 준구가 형이라고 편들어주네. 하하하.

096

하늘이 무너져도 솟아날 구멍이 있다

 뜻풀이

아무리 큰 재난에 부딪히더라도 그것에서 벗어날 길은 있다는 뜻

속올물음

1. _____
2. _____
3. _____
4. _____
5. _____

힘냅시다

엄마 아휴, 이를 어쩌누? 흑흑흑.
아빠 여보, 너무 걱정하지 말아요. 무슨 수가 나겠지.
엄마 빚쟁이들이 올텐데 당신 괜찮겠어요?
아빠 어쩌겠소. 사정을 해 봐야지.
엄마 아이엠에프가 당신 일자리를 잃게 하고 당신처럼 부지런히 산 사람도 없는데 정말 맘 아파요. 쉿, 염통이가 와요.
아빠 어서 오너라 염통아.
엄마 배고프지? 밥 줄까?
염통 학교에서 밥 먹었어요. 엄마 아빠 이거.
엄마 이게 뭐야?
아빠 ……
염통 지난번 전국 초등학생 몸소배움 글쓰기 마당이 있었잖아요. 거기에서 제가 큰기림을 받게 됐어요. 오늘 선생님이 주셨어요.
엄마, 아빠 뭐라고? 이런, 어이구 참 용한 우리 새끼!
염통 엄마, 아빠! 오늘 애들이 크게 손뼉 쳐 주었어요. 선생님도 칭찬해 주셨고요.
엄마 아이구 대견해라. 우리 염통이. 책도 부지런히 읽고 일기도 꼬박꼬박 쓰고 마주이야기도 부지런히 하더만 잘 했네 잘했어.
아빠 고맙다 염통아. 우리 염통이가 이렇게 잘하니까 아빤 정말 기쁘다.
염통 헤헤헤.

따르르르르릉

아빠 여보세요. 네 네. 정말이에요? 아 고맙습니다.
엄마 무슨 일이예요?
아빠 응. 김씨 아저씨가 한 달 뒤로 갚는 날짜를 미뤄주시겠다네.
엄마 정말요?
아빠 그렇소 여보.
엄마 아, 하늘이 무너져도 솟아날 구멍이 있다더니 정말 다행이예요.
아빠 우리 염통이도 이렇게 잘 크지 않소. 힘냅시다.

스물네 철 토박이말 다듬기

봄철로는 들봄(입춘), 싹비(우수), 깸날(경칩), 온봄(춘분), 맑날(청명), 낟알비(곡우),
여름철로는 들여름(입하), 풀커(소만), 벼사름(망종), 온여름(하지), 좀더위(소서), 한더위(대서),
가을철로는 들가을(입추), 간더위(처서), 맑이슬(백로), 온가을(추분), 찬이슬(한로), 서리닐(상강),
겨울철로는 들겨울(입동), 좀눈(소설), 한눈(대설), 온겨울(동지), 좀추(소한), 한추(대한)

이 스물네 철들은 한 해가 365날인데 보름 사이로 배치되어 있지. 제철마다 할 일이 달라. 그게 뭔지 볼까? 먼저 철따라 입는 옷이 다르지. 철따라 집 손질이 다르고 철따라 먹을거리가 달라. 철따라 짓는 농사가 다르고. 철따라 산과 들의 빛깔이 달라. 제철 먹거리를 봐도 봄에 냉이, 여름에 수박, 가을에 사과, 겨울에 홍시들과 같이 그 철에 나오는 먹을거리가 다른 걸 알 수 있어. 이것을 '제철 먹거리'라고 한단다. 제철 먹거리를 알맞게 먹으면 우리 몸이 튼튼해져.
　얘들아, 우리는 제 나이 제때에 맞게 할 일을 모르면 '철부지'라고 부르지? '철부지'가 뭔 줄 아니? '철없는 어린아이'란 말이거든. '어려운 형편에 장난감을 사 달라고 졸라 대는 내 아우는 철부지였다. 어른은 언제까지나 어린이를 소견 없는 철부지로만 생각하지만 어린이도 사람이라 생각도 지각도 있으니…(마해송, 아름다운 새벽) 이 때 '철이 들었다'는 말은 '때가 무르익었다.' '성숙했다.'라고 보면 돼. 철 든 사람을 모두들 좋아하는 거 알지? 철이 들었다는 것은 그 터수에 알맞은 뭔가를 할 수 있다는 거야. 어때? 너도 육천 개가 넘는 어휘를 알고 철 든 아이가 되고 싶지 않니?

우리나라 달력에 '요일'을 쓰게 된 까닭은 다음과 같다.

요일(曜日)은 '일곱 별이 비추는 일본'이란 말과 이어지는 내용으로 신도(신사)의 칠성신앙이나 칠복신앙으로 이어진다. '일요일(日曜日 니찌요-비)--토요일(土曜日 도요-비)'은 조선의 국력이 약해지고 일제가 침탈하는 과정에서 일본 관리의 조종에 따라 그 동안 우리나라에서 쓰던 '일진(日辰)' 대신 요일(曜日)을 쓰게 된 전보 수신(1888-1896)의 아픔이 있는 일본식 의역한자어이다. 칠요일은 일본의 신도와 칠성신앙에 따른 일본인의 생각을 잘 나타낸 말이다.

이러한 일본식 달력말을 딛서는 우리 달력말인 이레 날의 말밑(어원)을 밝히면 다음과 같다. 이레 날은 본디 한겨레 아기가 자라는 때품(시간)을 이르는 말이다.

밝날(일요일)은 새해 밝은 날 한밝달(태백산)에서 하늘에 제사를 드리는 배달임금의 자취와 한듬의 듬(법)을 밝히는 이야기가 있고 줄기말(연관어)은 '한밝달, 밝돌, 밝다'이다.

한날(월요일)은 초하루, 첫째 날(한째 날), 하늘 이야기가 있고 줄기말은 '하늘, 한, 하다'이다.

두날은 초이틀, 둘째 날, 두레 모듬 이야기, 짬듬갈 이야기가 있고, 줄기말은 '한듬(큰법), 우듬지, 들다'이다.

삿날(수요일)은 초사흘, 셋째 날, 삼시랑 할미의 목숨(생명) 점지 이야기가 있고, 줄기말(연관어)은 '삼(삼시랑), 살다'이다.

낫날(목요일)은 초나흘, 넷째 날, 누리(세상)와 목숨이 태어난 이야기가 있고, 줄기말은 '애낳이, 나다'이다.

닷날(금요일)은 초닷새, 다섯째 날, 다섯 손가락, 세클다(삼태극)의 세틀로 다 이룬다는 이승 이야기가 있고, 줄기말은 '세클다(삼태극), 다 하다'이다.

엿날(토요일)은 초엿새, 여섯째 날, 엿날 성밟기의 '극락문이 열린다'는 저승 바람 이야기가 있고, 줄기말은 '여닫이, 열다'이다.

097

호랑이는 죽어서 가죽을 남기고 사람은 죽어서 이름을 남긴다

사람은 죽어서 자랑듬(명예) 이름을 남겨야 함을 이르는 말

속을물음

1. 호랑이가 나오는 까닭은?
2.
3.
4.
5.

✒️ 풀이씨를 씨낱말로 짧은 글을 짓는 월 쌓기를 해보자.

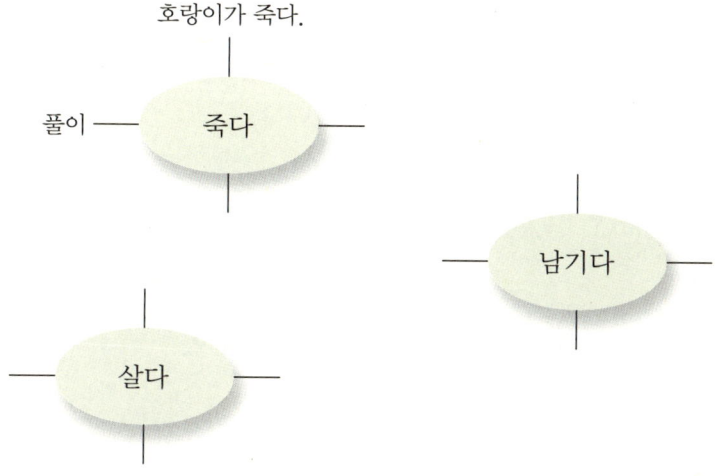

✒️ 풀이말에 이끌리는 어찌말을 찾아 짧은 월을 짓는 월 쌓기를 해보자.

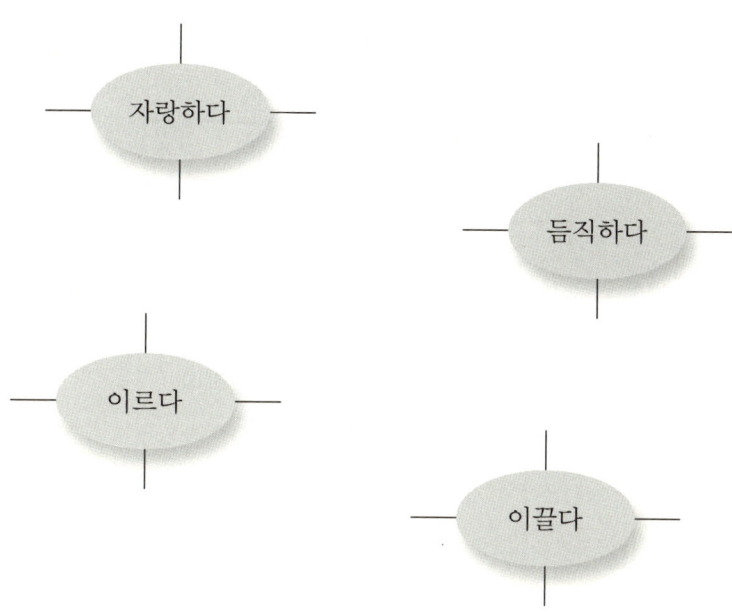

🌱 우듬지싹을 키워보자. 뭐가 보이나?

이름

✒ 우듬지싹을 키웠으면 십자말풀이를 만들어 보시오.

벼름소

☞ 가로 길잡이
1.
3.
5.
7.

♡ 세로 길잡이
2.
4
6
8

고사리도 있고 고비도 있데

양예린 (3)

완산칠봉 갔어. 근데, 비가 많이 와서 질척질척해서 식물들이 잘 못 자라갖고 맨 고사리만 있었어. 엄마, 내가 전에 고사리 얘기 했었잖아.
고사리도 있고, 고비도 있데.
고사리하고 고비가 잎사귀 모양은 거의 비슷한데 고사리는 줄기에 잎사귀가 여러 개 붙어 있고, 고비는 잎사귀 하나만 붙어있는 줄기가 바로 땅에 꽂혀 있는 거래. 공룡 때띠에 고사리는 저 나무처럼 컸는데, 차츰 늘품짐(진화) 해서 지금처럼 고사리하고 고비가 됐는데, 고사리는 햇빛을 좋아하니까 잎이 많은 거고, 고비는 물을 좋아하니까 잎사귀가 하나 밖에 없는 거래.

외갓집에 갔어. 근데 손님들이 많이 와서 집이 좁았어.
외할아버지가 독립투사였다며? 엄마는 독립 유공자 가족이었어? 우리 선생님이 그러셨어. 독립운동한 사람들의 후손은 독립유공자가족이라고.
나도 외할아버지 사진(영정) 앞에서 어른들 따라 절을 네 번이나 했어. 외할아버지가 나를 보고 웃으시는 거 같았어. 엄마, 나는 외할아버지가 자랑스러워.
나도 외할아버지처럼 훌륭한 사람이 될 거야.
그날 어른들이 하시는 이야기를 들었는데 외할아버지는 나라를 위해 죽음을 무서워하지 않으셨대. 어떤 아저씨는 외할아버지 이름을 말하면서 눈물까지 흘렸어.
엄마 아빠, 사람은 죽어서도 이름을 남기는 거 같아.
우리 가족들뿐만 아니라 다른 사람들도 다 기억해주잖아.
나도 이름을 남기는 훌륭한 사람이 될 거야.

098

호랑이 없는 곳에서 여우가 왕 노릇 한다

잘나고 세력이 있는 사람이 없는 곳에서는
못나고 약한 사람이 잘난 체하며 기세부린다는 뜻

속을물음

1. 약이 왜 나오지?

2.

3.

4.

5.

한가위에 하는 일

마주   오빠, 오늘 시험 있잖아. 요즈음 가본 새얼자취울(문화유적지)을 쓰라고 했잖아. 새얼자취울을 돌아 보고 느낀 점은 무엇인가?

오빠   그래서 뭐라고 썼어?

마주   난 최근에 진안 마이산을 갔다 왔다고 했어. 느낀 점은 진안흑돼지를 먹고 싶다고 썼어.

오빠   뭐어? 진안 흑돼지? 하하하. 선생님이 좀 어이가 없었겠다.

마주   왜? 그게 진짠데.

오빠   그래서 선생님이 뭐라고 하셨어?

마주   선생님이 웃으시면서 세모 줬어.

엄마   그렇지. 하나는 맞았으니까 세모 줘야지.

마주   엄마. 2학년 때 말이야. 내 짝꿍 이지연 있잖아. 그때는 더 웃긴 일 있었어. 시험에 한가위에 하는 일을 적으라고 했거든. 그랬더니 내 짝꿍이 이렇게 쓴 거야. '송편을 만든다.', '송편을 먹는다.', '성묘를 간다.' 그리고 한 가지가 더 있어.

엄마   한 가지가 뭐야?

마주   '고스톱을 친다.', '술을 마신다.'

엄마, 오빠   하하하하하. 하하하. 술을 마시고 고스톱을 쳐?

마주   선생님이 너네 집만 고스톱 치나보다. 그러니까 내 짝꿍이 선생님한테 뭐란 줄 알아? "선생님도 치잖아요." 그랬어. 그러니까 선생님이 삥 해갖고 '쩜쩜쩜쩜' 하고 있었어. 또 "술도 마셔?" 그러니까 우리 집은 큰아빠랑 작은아빠 오시면 술 마시는데요. 그랬어. 근데 그때도 틀렸다고 안하고 세모 줬지.

엄마   하하하. 진짜? 우리 마주가 진안흑돼지 먹고 싶다고 한 건 아무것도 아니네. 지연이는 훨씬 세구만. 하하하.

마주   엉. 이건 정말 더 웃기지?

오빠, 엄마   응 진짜 웃긴다.

099

효성이 지극하면 돌 위에 풀이 난다

어버이를 드높모심(공경)하고 높섬김(효성)을 다하면 '좋은 일이 생길 수 있다'는 뜻

숯을물음

1. 부모님의 뜻은?

2.

3.

4.

5.

➡️ 삶품말을 벼름소로 작은 갈책을 옆 넘김으로 만들어 붙여봅시다.

갈책(워크북)은 그 자체가 글감이 된다.
글감가리를 어떻게 쌓아 책을 엮어내는지 알아보면 다음과 같다.
먼저 A4나 B5 종이를 4쪽으로 접어 배움종이를 마련한다.
첫째로 갈배움 앞에 앞엣거리로 짤막한 아시글을 쓴다.
둘째로 갈배움 차례를 얼개로 그림과 잎쪽글이 들어가는 갈책을 만든다.
셋째로 갈배움 뒤에 생각이나 느낌이 들어가는 새물을 마련한다.
넷째로 갈책 만들기 차례를 따라 '갈책 이야기'를 쓴다.

갈책 얼개	옆 넘김 배움종이 4쪽			
책얼굴 1쪽	알음알이			책 뒤쪽(1쪽)
	앞엣거리	알음알이 · 새물내기	
책이름 지은이 그림	날짜:(우듬지싹) 벼름소 우듬지싹 물어보기: (겪은 글)	아홉 난 차례그림	풀 붙 임 난	몸소 가늠이나 배움 글놀
앞 겉쪽(1)	안쪽(2)	안쪽(3)		뒤 겉쪽(4)

엄마가 효열기림 받아요

수빈   고모, 엄마가 퇴근해서 할머니 할아버지 목욕 씻기고 밥 채려주면 우리는 배고파도 기다려야 돼.
고모   그래? 엄마가 피곤하겠다. 할머니가 아프시니까 엄마가 고생이네.
원빈   할아버지가 할머니 기저귀 갈아준다.
       할머니가 기저귀에다 똥도 싸고 오줌도 싸.
고모   그래. 우리 원빈이 수빈이 엄마아빠가 고생이야.
       그러니까 원빈이 수빈이가 엄마 아빠 잘 도와드려.
원빈, 수빈   네.
수빈   아빠가 할머니 머리도 깍아 줬어.
고모   어떻게?
원빈   위이이잉 하고 머리 깍는 기계로 아빠가 할머니 머리 깍았어.
고모   그래. 그러니까 할머니가 시원하게 머리 깍고 계셨구나.
원빈   근데 왜 할머니는 머리를 빡빡 밀어요?
고모   길면 감기가 힘들잖아. 왼쪽 몸을 전혀 못 쓰시고 누워 계시는데 머리 갈무리를 못하니까 그렇지.
원빈, 수빈   아, 그래요?
수빈   고모, 근데요. 엄마가 이번 진안군민의 날에요.
       효열기림(상) 받는대요. 할머니 잘 돌봐드렸다고.
고모   아이구, 그랬어? 효열기림 받아도 마땅하지.
       우리 원빈 수빈이 엄마가 시골로 시집와서 고생 많이 하는데 착한 마음으로 아프신 할머니, 할아버지 돌보니까 기림을 받아도 돼.
       수빈아 원빈아, 엄마한테 잘 해 드려 엉?
수빈, 원빈   네.

(따르르르릉)
고모   어, 올케.
엄마   형님, 저 이번 군민의 날에 효열기림 받게 됐어요.
고모   그려어? 애들이 말해서 들었네. 고마워 올케. 늘.
엄마   아니에요. 제가 마땅히 할 일 하는 건데요. 뭐.

흘러가는 물도 떠 주면 공이다

쉬운 일이라도 도와주면 은혜가 된다는 뜻

속을물음

1. 공의 뜻은? _____
2. _____
3. _____
4. _____
5. _____

우산 받쳐 주다

염통   어, 비가 오네. 우산 없는 사람?
       탁구도 우산 안 가져왔냐?
       마주는 가져오고. 지연이 보영이는 없고.
       방울이는 우산 있고.
마주   그럼 이렇게 하자. 염통 너는 탁구 데려다 주고, 나는 지연이,
       방울이는 집 방향이 같으니까 보영이가 데려다 줘.
방울   싫어. 나는 보영이랑 같이 가기 싫어.
염통   야, 그래도 너랑 방향이 같으니까 같이 가.
방울   싫은데.
지연   그럼 마주가 보영이랑 가. 내가 방울이랑 갈게.
방울   알았어.
마주   그럼 보영이랑 내가 갈게. 내가 조금 돌아가면 되니까. 됐지?
염통   야, 그럼 비 안 맞게 잘 가라. 내일 보자.
아이들 응 안녕.

보영이네 대문 앞
마주   보영아, 잘 들어가. 안녕.
보영   응 고마워 마주야.
보영엄마 잠깐 보영이 우산 받혀줬구나. 고맙다. 마주야. 내가 집까지
         차로 데려다줄게. 타라.
마주   괜찮은데요.
보영엄마 아니야. 비가 아까보다 더 오네. 어서 타. 내가 데려다줄게.
마주   아줌마, 고맙습니다.

일러두기

이 책은 이적일을 일깨우는 삶품말의 슬기를 주시경 『국어 문법』의 낱말밭 본보기에서 물음과 대꾸의 틀거리를 찾는다. 『국어 문법』의 '짬듬갈'에 나오는 짜고 이루어지는 배움판인 아홉 난으로 풀면 〈그림 1〉과 같다. 바탕글 삶품말은 '가는 날이 장날'이다.

벼름	둘째 만이결	〈그림 1〉 세클다 아홉 난으로 풀이한 삶품말 배움 틀본 첫째 줄기결	셋째 금이결
한	**1** 밑감 구실 -아시 월 뜻	① 삶품말 월과 뜻풀이 (가는 날이 장날) - 삶품말 아시 월 뜻 풀이씨 '가다', '장날이다' - 삶품말 내봄 뜻 풀이씨 '뜻밖이다', '겪다'	① 삶품말 내봄 뜻을 금 놓는 어찌말 - 월 본디 뜻 - 월 바깥 내봄 뜻
듬	**2** 맘뜻 나들 구실 -내봄 알음알이	② 일판에 이끌리는 삶품말 - 일판 터수 - 삶품말이 빗대는 일판의 벗바리 ③ 삶품말 부림 월 내들기 - '가는 날이 장날'이라고 맘먹고 왔는데 비가 와서 사진 못 찍고 갑니다.' - 내봄 월 가온 풀이씨 '오다', '찍다'	② 일판 터수 내봄 - 일판 차례그림 - 꾸밈말 부림 풀이씨 월 쌓기 (어찌말, 어찌자리토, 물음월 짧은 글짓기 월 쌓기)
삼	**3** 삶품말 맘들임 구실 -말글 사름	④ 삶품말 부림 새물내기 - 편지, 글놀, 이야기글, 내셈글 맘대글(수필)	③ 맘들임 글셈평 나들기 - 새물 노느매기 - 글셈평 쓰기

〈그림 1〉에서 첫째로 줄기결을 풀이하면 '① 삶품말 월과 풀이'는 본디 주어진 밑감이고, 본디월의 풀이씨와 뜻풀이 풀이씨에 이끌리는 맞물과 임자를 짧은 글짓기인 월 쌓기를 적바림하고 있다. '② 일판에 이끌리는 삶품말'은 일판을 드러내는 월 부려쓰기의 차례듦(질서)과 터수와 벗바리를 초들게 한다. '③ 삶품말 부림 메지글 내들기'는 삶품말 월을 부려 쓴 메지글의 풀이씨를 내들고 있다. 메지글의 풀이씨에 이끌리는 맞물이나 임자는 벗바리 생각씨를 드러내고 있다. '④ 삶품말 부림 새물내기'는 삶품말이 들어간 지은 물이다. 곧 줄기결은 삶품말을 다루는 배움판의 온이 밑감이다. 이는 가로축 생각 얼개에서 한째 벼름이다.

둘째로 만이결인 '**1** 밑감 구실'은 삶품말의 아시 월 뜻과 내봄 뜻이 다름을 알려주는 구실을 하고, '**2** 맘뜻 나들 구실'은 내봄 알음알이로 일판의 터수를 빗대는 삶품말 부림의 까닭을 내들어 이야기하는 구실을 하고, '**3** 맘들임 구실'은 맘들임(설득)하는 말글 사름을 말한다. 이는 줄기결의 삶품말이 일판에 이끌리는 빛깔과 모습을 드러내도록 돕는 구실이다. 또 내봄 월이 제 나름의 구실을 드러내도록 뒷받침하는 구실이다. 이는 삶품말을 다루는 배움판의 가로축 생각 얼개에서 둘째 벼름이다.

셋째로 금이결인 '**1** 삶품말 내봄 뜻을 금 놓는 어찌말'은 삶품말 월의 본디 뜻과 삶품말 월의 바깥 내봄 뜻을 잘 드러내는 꾸밈말로 어찌말을 들볼 수 있다. '**2** 일판 터수 내봄'은 '일판 차례 그림'과 '꾸밈말 부림 풀이씨 월 쌓기'가 있다. 월 쌓기에서 씨낱말은 일판을 드러내는 말글에 나오는 풀이씨이다. 꾸밈말은 어찌말, 어찌자리토가 있다. '**3** 맘들임 글셈평 나들기'는 또 하나의 입말 일판과 글판을 마련한다. 글을 미루고 셈하는 일은 새물을 금나가게 하는 일이다. 이는 삼품말 배움판의 가로축 생각 얼개에서 셋째 벼름이다.

〈그림 1〉에서 보듯이 말글살이 마당 가운데 삶품말 배움 바탕이 있다. 이는 삶품말 하나하나를 하나의 일판으로 삼고 세클다 아홉 난($3 \times 3 = 9$)으로 풀면 한 월 안에 '하나 둘 셋'으로 드러나는 셈살이 밝갈(수리 철학)이 가로축의 생각 얼개로 자리 잡고, 우리겨레의 세클다(삼태극) 생각듦(사상)을 드러내는 '한 듬삼'이 세로축 생각 얼개로 자리 잡는 삶품말 부림 배움판을 이룬다.

삶품말 부림 배움판을 꾸준하게 배우면 배움이의 새뜻한 말맛을 북돋운다. 삶품말의 풀이씨에서 생각씨 줄기말(연관어)은 나날살이의 때품과 곳품 안에서 삶의 빛깔과 모습과 자취를 비추어 나타난 말이기에 말셈머리 어섯을 넉넉하게 하는 미립과 속살을 담고 있다.

삶품말을 배울 거리로 삼는 몸소 배움 일판을 살펴본다. 몸소 배움 일판과 아랑곳한 삶품말 '배우는 것은 죽을 때까지 배워도 다 못 배운다.'에는 '배우다, 죽다.'와 같은 풀이씨 으뜸꼴이 있다. 그 가운데 풀이씨 으뜸꼴 '배우다'를 씨낱말로 하는 말소리 줄기말 팽이무늬 만들기와 씨낱말 '몸소 배움'에 따른 풀이씨 '배우다'를 밑감으로 한 짧은 월 쌓기를 〈그림 2〉에서 살펴볼 수 있다.

〈그림 2〉 낱말 불리기 팽이무늬와 풀이씨의 짧은 월 쌓기 보기

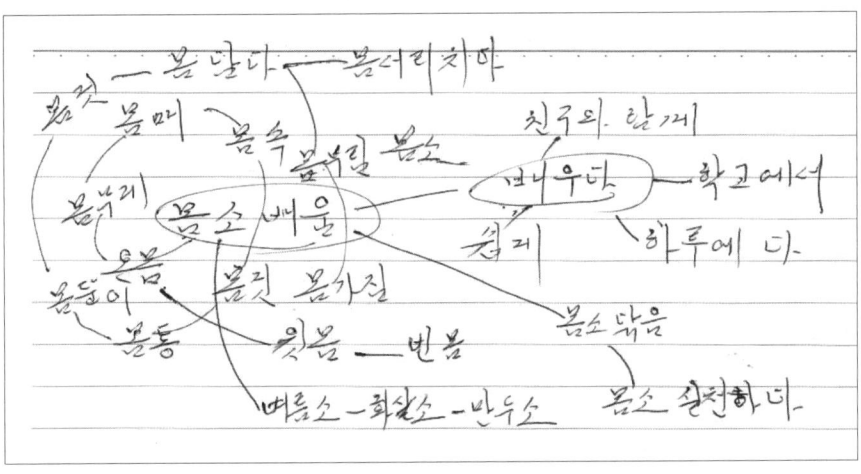

삶품말 '글 잘 못 쓰는 사람은 붓 타박을 하고 농사 지을 줄 모르는 사람은 밭 타박을 한다.'에는 '쓰다, 타박하다, 짓다, 모르다, 하다'와 같은 풀이씨 으뜸꼴이 있다. 그 가운데 풀이씨 으뜸꼴 '쓰다'를 씨낱말로 하는 마침 월 씨끝바꿈 짧은 월 쌓기 우듬지싹을 내들면 〈그림 3〉과 같다.

335

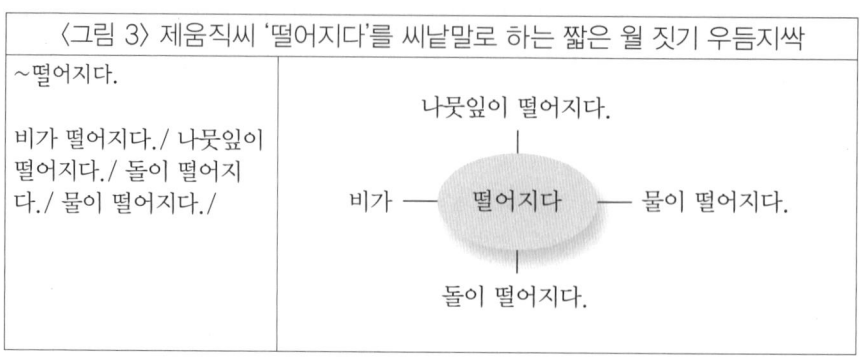

〈그림 3〉 마침 월 씨끝바꿈 짧은 월 쌓기'를 서정수(1996)의 마침 문장의 갈래를 바탕 삼고, 그 속살을 토박이말로 뒤침하고 가다듬어 내들면 〈체 1〉과 같다.

〈체 1〉 마침 월의 갈래		
월풀듬(서법)	월의 갈래	보기
베풂듬(서술법)	베풂월(서술문)	
(1)예사 베풂꼴(평서술형) (2)느낌 베풂꼴(감탄 서술형) (3)맞짬 베풂꼴(확인 서술형)	예사 베풂월(평서술문) 느낌 베풂월(감탄 서술문) 맞짬 베풂월(확인 서술문)	아이가 글을 쓴다. 아이가 글을 쓰는구나. 아이가 글을 잘 쓰지.
말다짐듬(약속법)	말다짐월(약속문)	내가 너를 업어 주마.
물음듬(의문법)	물음월(의문문)	
(1)여느 물음꼴(일반 의문형) (2)맞짬 물음꼴(확인 의문형)	여느 물음월(일반 의문문) 맞짬 물음월(확인 의문문)	아이가 글을 쓰느냐? 아이가 글을 쓰지?
시킴듬(명령법)	시킴월(명령문)	
(1)가리킴꼴(지시형) (2)비라리꼴(청원형) (3)좋다꼴(허락형)	가리킴월(지시문) 비라리월(청원문) 좋다월(허락문)	글을 써라. 글을 쓰소서. 글을 쓰려무나.
이끎듬(청유법)	이끎월(청유문)	글을 쓰자.

줄기말(연관어) 낱말밭을 마련하는 '삶품말 우듬지싹 팽이무늬'를 삶품말 '봄바람은 품으로 기어든다'를 우듬지 삼아 내들면 다음과 같다.

〈그림 4〉낱말 불리기 배움 삶품말 우듬지싹 팽이무늬

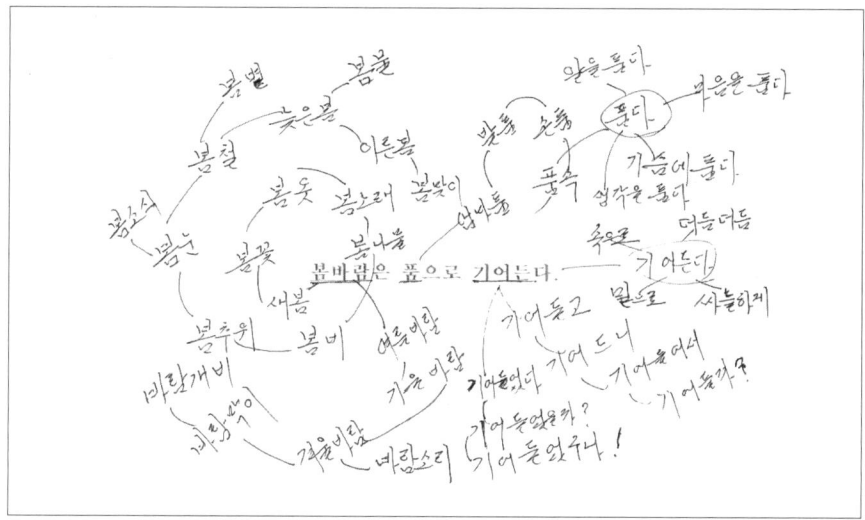

물음월 씨끝바꿈으로 짧은 월을 짓는 월 쌓기는 풀이씨의 씨끝바꿈에 따른 말셈머리의 '물음-대꾸'가 여러모꼴로 드러나는 수꿈 그림을 생각할 수 있다. 말셈머리에 떠오른 여러모꼴 수꿈 그림은 새뜻힘(창의력)을 길러주는 밑감이 된다.

삶품말 '말이 고마우면 비지 사러 갔다 두부 사 온다.'에는 '고맙다, 사다, 가다, 오다'와 같은 풀이씨 으뜸꼴이 있다. 그 가운데 풀이씨 으뜸꼴 '사다'를 씨낱말로 하는 물음월 씨끝바꿈 짧은 월 쌓기로 우듬지싹을 내들면 〈그림 5〉와 같다.

337

〈그림 5〉 물음 월 씨끝바꿈 짧은 월 쌓기	
풀이씨 으뜸꼴	짧은 월 짓기 우듬지싹
사다	~ 샀느냐? ~ 사느냐? ~ 사자고? ~ 샀어? ~안 샀어? ~ 살래? ── 사다 ── ~ 살까? ~ 샀니? ~ 산다고? ~ 사볼까? ~ 샀지?

생각하는 힘과 새뜻힘을 기르는 『토박이말·마주이야기로 여는 한국어 수업 365 속담으로 놀자(나비꿈 2011)』를 계발 활동에 부려쓰면 다음과 같은 연간 지도 계획을 마련할 수 있다.

〈그림6〉 속담 글쓰기부 연간 지도 계획				만수초등학교 1학기
이레	날짜	배움벼름소	일몸 속살(활동 내용)
1	3.3	계발활동 조직	계발활동 조직하기
2	3.	1. 가는날이 장날	아홉난 그림담(만화) 그리기
3	3.	3.가는 말이 고와야 오는 말이 곱다.	입말이야기 쓰기
4	3.	5. 간에 기별도 안간다.	십자말풀이
5	4.	마주이야기 쓰기	맛깔스런 봄나물 이야기
6	4.	7. 갓 쓰고 자전거 타는 격	알림본(광고) 만들기
7	4.	9. 강물도 쓰면 준다.	삶품말 넣은 편지 쓰기
8	4.	글월(편지) 쓰기	날짜 이야기를 넣은 글월 쓰기
9	5.	11. 거미도 줄을 쳐야 벌레를 잡는다.	우듬지싹(마인드맵) 키우기
10	5.	글놀(시) 쓰기	여름맞이 물빛 이야기
11	6.	13. 계란으로 바위치기	이야기 쓰기
12	6.	15. 굶어 보아야 세상을 안다.	어찌자리토 알기
13	6.	17. 기르던 개에게 다리가 물렸다.	물음월 씨끝바꿈 알기
14	6.	이야기 쓰기	벼사름 풀빛 이야기
15	7.	글셈(서평) 편지 쓰기	내가 지은 시를 대상으로 글셈(서평) 쓰기/여름방학 과제 맞찜하기

〈그림6〉 속담 글쓰기부 연간 지도 계획　　　　　　만수초등학교 2학기

이레	날짜	배움벼름소	일몸 속살(활동 내용)
1	9.	계발활동 조직	계발활동 조직하기
2	9.	51. 믿는 도끼에 발등 찍힌다.	풀이씨를 씨낱말로 한 월 쌓기
3	9.	53. 바다는 메워도 사람의 욕심은 못 채운다.	이야기판 벌이기(입말)
4	9.	아이글놀(어린이시) 쓰기	들판 이야기
5	10.	61. 설마가 사람 잡는다.	아홉 난 그림담(만화) 그리기
6	10.	63. 소 잃고 외양간 고친다.	도움풀이씨 알기
7	10.	71. 아흔아홉 가진 사람이 하나 가진 사람보고 백 개 채워 달라 한다.	마주이야기 쓰기
8	10.	그림담(만화) 그리기	한글을 사랑한 사람들
9	11.	73. 얌전한 고양이가 부뚜막에 먼저 올라간다.	이음씨끝 부려쓰기
10	11.	81. 저 먹자니 싫고 남 주자니 아깝다.	기별본(신문) 만들기
11	11.	알림본(광고) 만들기	들겨울달(11월) 자랑거리 알림본 만들기
12	12.	한해 공부를 마치며	배움 이야기 쓰기 겨울방학 과제

　끝으로 이 책은 주시경이 『국어 문법』에서 실현한 세클다(삼태극)의 삼생각 듬에 따른 날줄과 씨줄이 이루어내는 판(3×3=9)을 갈배움(수업)의 틀거리로 삼았다. 이러한 한국말 갈배움의 얼개와 갈말은 우리 어린이들의 말글결 생각 힘(언어적 사고력)을 길러준다. 사람은 믿나라말로 생각하는 까닭에 세상을 살아가는 힘은 믿나라말에 가축되어 있다. 우리말과 우리 생각으로 갈배우는 일은 우리 어린이들에게 다른 나라 어린이들과 어깨를 나란히 하는 말글살이 길을 열어줄 것이다.

　이제까지 우리말의 '새말 다듬어 쓰기(조어론)'를 버린 채 일본식 한자어나 들온말에 기대는 새얼(문화)는 생각하는 힘을 잃을 수밖에 없다. 믿나라말(모국어)이 줄어 생각하는 힘을 잃으면 새얼의 빛깔도 자취도 잃게 된다. '꼬리에 꼬리를 무는 영어나 한자말'이 있다면 그 자리에 '꼬리에 꼬리를 무는 한국

말'도 있어야 우리 어린이들의 생각하는 힘이 자랄 수 있다. 학교교육과정에서 우리말의 빈자리를 너무 오랫동안 비어 놓은 것 같다. 이제 그 빈자리를 채워 나갈 때가 된 것이다.

눈여겨볼 밑감을 내들면 주시경이 『국어 문법』에서 길잡이 한 우리말로 갈 배움 나기 100돌을 기리는 갈책(워크북)으로 『토박이말로 여는 한국어 수업 365 제철 말로 놀자(나비꿈 2010)』를 펴냈다. 또 『토박이말·마주이야기로 여는 한국어 수업 365 속담으로 놀자(나비꿈 2011)』도 있다. 이 책들은 우듬지싹 낱말 불리기, 풀이씨 월 쌓기, 글쓰기, 갈책 만들기 배움을 통해 바탕 말셈힘(기본 어휘력)을 기르는 성금을 거두고 있다.

이제 우리 어린이들도 제 나름의 빛깔과 생각과 자취를 가진 한국 사람다운 누리공멀(지구촌) 사람이 될 수 있다.

겹줄기말 우듬지싹

물음을 우듬지싹으로 적는 일은 낱말 뜻울(개념)을 맞찜(확인)하는 성금이 있다. 씨듬지와 벗바리 씨낱말을 종잡고, 짧은 글을 지어보고 물어보면 대꾸는 저절로 떠오른다. 물음과 대꾸는 쪽지 글이 되고 쪽지 글을 모으면 책이 된다.

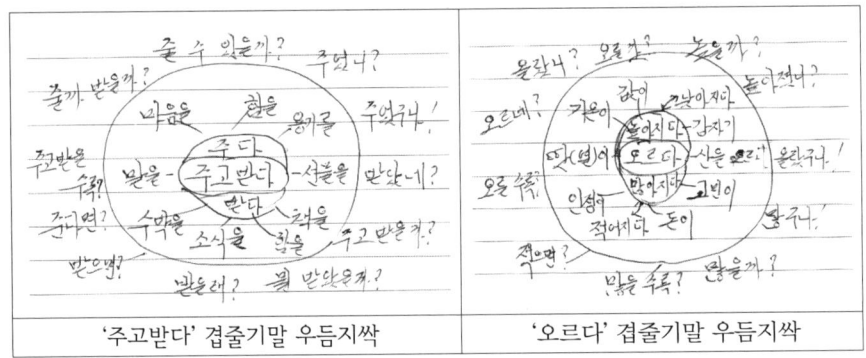

| '주고받다' 겹줄기말 우듬지싹 | '오르다' 겹줄기말 우듬지싹 |

낱말 풀이

가리킴꼴 • 지시형
가리킴월 • 지시문
가온 자리 • 중심 장소
갈망 • 수행
갈배움 • 수업
갈배움벼름 • 수업안
갈책 • 워크북
감목자리토 • 자격격 조사
견줌자리토 • 비교격 조사
겹움직씨 • 복합동사
골얼줄 • 뇌신경
곳자리토 • 장소격 조사
그림담 • 만화
글월 • 편지
기림보람 • 상장
기별본 • 신문
까닭자리토 • 원인격 조사
꾸밈말 • 수식어
낱말셈 • 어휘
낳낸이 • 생산자
낳몬이 • 발명가
내다지힘 • 통찰력
내들기 • 사례들기
내봄 • 표현
누리공멀 • 지구촌

느낌 베풂꼴 • 감탄 서술형
느낌 베풂월 • 감탄 서술문
느낌들임속 • 감수성
닷날 • 금요일
대충속 어찌말 • 개략성 부사어
도움토 • 보조사
도움풀이씨 • 보조 술어
듬 • 법
따옴자리토 • 인용격 조사
때품 맘대 어찌말 • 시간 자유 부사어
때품 • 시간
또짬속힘 • 재구성력
뜻밖속 어찌말 • 의외성 부사어
마땅속 어찌말 • 당연성 부사어
마주이야기 • 대화
말글가리 • 언어자료
말다짐듬 • 약속법
말다짐월 • 약속문
말본 • 문법
말셈머리 • 어휘부
말셈힘 • 어휘력
말소리 줄기말 • 음운 연관어
맘대 • 자유
맘대글판 • 낙서장
맘들임 • 설득

맞물・대상
맞쫌 물음꼴・확인 의문형
맞쫌 물음월・확인 의문문
맞쫌 베풂꼴・확인 서술형
맞쫌 베풂월・확인 서술문
맞쫌・확인
메지・단락, 연
모습 맘대 어찌말・양태자유 부사어
무늬놀・디자인
물음듬・의문법
물음월・의문문
민나라말・모국어
밑감・소재
바뀜자리토・변성격 조사
바탕조각・성분
배검 갈턱・교육이론
벗바리・배경
베풂듬・서술법
베풂월・서술문
벼름・안
벼름소・주제
부림말・목적어
비라리꼴・청원형
비라리월・청원문
빛그림・동영상
빛때깔・이미지
사름・활착
살핌힘・관찰력
삶결글・생활문
삶품말・속담
새뜻힘・창의력
새얼・문화

새얼자취울・문화유적지
생각듬・사상
생각씨・관념사
생각힘・사고력
세클다・삼태극
셈술 맘대 어찌말・수량 자유 부사어
셈턱 밝갈・수리 철학
속내・내용
솟을물음・의문
수꿈 꾸다・상상하다
시킴듬・명령법
시킴월・명령문
씨끝바꿈・어미변화
씨낱말・핵심어
아랑곳한・관련된
아시곳・출발점
안잡힘속 어찌말・불확정성 부사어
알림본・광고
앞엣거리・예습
애바탕・기초
어림잡속 어찌말・가상성 부사어
어섯・부분
어찌말・부사어
어찌자리토・부사격 조사
여느 물음꼴・일반 의문형
여느 물음월・일반 의문문
여느속 어찌말・일반성 부사어
연모자리토・도구격 조사
엿날・토요일
예사 베풂꼴・평서술형
예사 베풂월・평서술문
온여름달・6월

온이 • 전체
우듬지싹 • 도설, 마인드맵
월 이음 어찌말 • 문장 접속 부사어
월 • 문장
월갈 • 문장론
월풀듬 • 서법
으뜸꼴 • 기본형
이끎듬 • 청유법
이끎월 • 청유문
이음씨끝 • 연결어미
이적일 • 현실
익은말 • 관용어
일몸 • 활동
일판 • 활동 장소
임자말 • 주어
자리모 • 처지
저품 • 자연
종벼름소 • 소주제
좋다꼴 • 허락형
좋다월 • 허락문
죽보기 • 목록
줄기말 • 연관어
차례물 • 과정
참맞음속 어찌말 • 확실성 부사어
초닷새 • 5일
초들다 • 소개하다
터수 • 상황
테밖속 어찌말 • 예외성 부사어
테켜 • 층위
틀본 • 틀 거리 모형
판그림 • 장면
풀이말 • 서술어

풀이씨 • 형용사와 동사
품기 • 공기
함께자리토 • 공동격 조사

염시열

• 지은이는 우리문화로 수업하기를 실현하는 선인들의 학습 모범을 바탕으로 한 2001년의 문화부림수업연구회, 작은학교교육연구회, 국어문화부림수업연구회 등에서 교과연구회 활동을 통해 '국어수업의 기본학습개념 습득을 효과적으로 지원하는 수업방안'을 창출하여 우리 어린이들의 배움살이를 넉넉하게 하는 성과를 거두고 있다.
• 저서로는 『기와 조각이라 해서 버리지만 않는다면(1996 물댄동산 디다케)』, 『예문일치(藝文一致)적 열린 교육(1998 열린교육 정보 자료센터)』, 『토박이말로 여는 국어 수업(2008 나라말)』, 『토박이말로 여는 한국어 수업의 사상과 언어(2010 문사철)』, 『365 제철말로 놀자(2010 나비꿈)』 등이 있다.

한경순

• 지은이는 전주시 송천동에서 따숨지역아동센터를 운영하면서 우리말, 입말(마주)이야기, 지역화교육(몸소배움나들이)을 하고 있다. 말꽃나라입말이야기교육연구소장, 한국마주이야기교육연구소 호남지부장, 전주여성인력개발센터 방과후아동지도사 전임으로 일하고 있다. 전주대행정대학원 사회복지학과 졸업, 우리말교육대학원을 수료하고 전국국어교사모임에서 활동하며 「우리말우리글」 초등대안국어교과서(1학년, 나라말, 2008)를 공동집필했다.